法人税ハンドブック

令和6年度版

日本税理士会連合会［編］
高崎商科大学商学部教授・税理士　鈴木　修［著］

中央経済社

序

税理士制度は，私ども税理士のみならず，国民・納税者のための公共の制度として健全な姿で定着し，税務行政の円滑な運営にも貢献をしてきました。また，税務の専門家である税理士がその職務完遂のため，たゆみない努力と研鑽を重ね，納税者のよき相談相手として，我が国の申告納税制度を側面から支えてまいりましたことは，改めて言うまでもありません。

本書は，日税連編集『税務経理ハンドブック』の掲載税目のうち，法人税，所得税，相続税を抽出し，図表を中心に３分冊にまとめた携帯至便な『ハンドブック』です。また，近年，関係省庁より法令・通達のほか Q&A や FAQ などの資料が多く公表されていることから，読者の利便性を考慮し，QR コード掲載による資料提供で対応しております。

本書が，税務に関する実務のよき指針として広く利用されるとともに，業務の伸展に役立つことを願ってやみません。

最後に，本書の編集に当たられた本会事業本部の方々をはじめ，企画に賛同の上，ご尽力いただいた執筆者各位に対し，深甚の謝意を申し述べます。

令和６年５月

日本税理士会連合会

会長　太田　直樹

目　次

凡　例

1．参照ページ数の表示例

➡ p.89

2．法令の略称（主要なものを掲げた。その他は準ずるものとする）

略称	法令名
法法	法人税法
法令	法人税法施行令
法規	法人税法施行規則
法基通	法人税基本通達
措法	租税特別措置法
消法	消費税法
租特透明化法	租税特別措置の適用状況の透明化等に関する法律
耐用年数省令	減価償却資産の耐用年数等に関する省令
耐用年数通達	耐用年数の適用等に関する取扱通達
平成30年改正法	所得税法等の一部を改正する法律（平成30年法律第７号）
平成31年改正法	所得税法等の一部を改正する法律（平成31年法律第６号）
令和２年改正法	所得税法等の一部を改正する法律（令和２年法律第８号）
令和４年改正法	所得税法等の一部を改正する法律（令和４年法律第４号）
令和４年改正法令	法人税法施行令の一部を改正する政令（令和４年政令第137号）
令和５年改正法	所得税法等の一部を改正する法律（令和５年法律第３号）
令和５年改正法令	法人税法施行令の一部を改正する政令（令和５年政令第13号）
令和６年改正法	所得税法等の一部を改正する法律（令和６年法律第８号）
令和６年改正法令	法人税法施行令の一部を改正する政令（令和６年政令第142号）

3．QRコード資料集（令和６年度税制改正関係）

左記のQRコードをスキャンしていただくと，資料集のサイトにリンクされます。

4．QRコード資料集（法人税ハンドブック関係）

左記のQRコードをスキャンしていただくと，本書に関する資料集のサイトにリンクされます。なお，該当箇所にも個別のQRコードを付していますが，読み取れないケースは左記QRコードをご利用ください。

第1編　総　　則

1　納税義務者と課税所得の範囲等

1　法人の種類別課税所得

法人税の納税義務者と課税所得等の範囲は，次のとおりである。

法人の種類		課税所得の範囲
内国法人	普通法人	所得の全部に対して課税（法法５）
	協同組合等（法法別表第三）	
	公益法人等（法法別表第二）	収益事業による所得に対して課税（収益事業から生じた所得以外の所得については非課税）（法法６）
	人格のない社団等（法法３，法基通1-1-1～1-1-4）	
外国法人	普通法人	国内源泉所得対して課税（法法８①）➡p.139
	人格のない社団等	国内源泉所得のうち収益事業した所得に対して課税（法法８②）
公共法人	法人税の納税義務なし（法法４②）	
個　　人	法人課税信託（法法２二十九の二）の引受けを行うときは，法人税の納税義務がある（法法４④）	

(注)１　退職年金等業務（法法84①）を行う内国法人に対しては，上記のほか，各事業年度の退職年金等積立金について，退職年金等積立金に対する法人税が課される（令和８年３月31日まで課税停止）（法法７，措法68の５）。

２　法人課税信託の受託者である法人に対しては，上記のほか，法人課税信託の各計算期間の所得に対する法人税が課される（法法４の６）。

３　特定多国籍企業グループ等に属する内国法人に対しては，各対象会計年度(※)の国際最低課税額について，各対象会計年度の国際最低課税額に対する法人税が課される（令和６年４月１日以後に開始する対象会計年度について適用）（法法６の２，15の２，令和５年改正法附則11）。

（※）「対象会計年度」とは，多国籍企業グループ等の最終親会社等が作成する連結等財務諸表に係る期間をいう。

2　一般社団法人等の課税所得の範囲

一般社団法人及び一般財団法人に関する法律（平成18年法律48号）に基づき設立された一般社団法人及び一般財団法人は，法人税法上，次のとおり区分される。

区　分	公益社団法人・公益財団法人	一般社団法人・一般財団法人	
		非営利型法人	非営利型法人以外
課税所得の範囲	収益事業課税(注)	収益事業課税	全所得課税

（注） 公益目的事業は収益事業から除かれているため，公益目的事業から生じた所得は課税対象とはならない（法令５②一）。

（参考） 国税庁「一般社団法人・一般財団法人と法人税」（平成26年３月）

3 「非営利型法人」の要件

類型	「非営利性が徹底された法人」（法法２九の二イ，法令３①）	「共益的活動を目的とする法人」（法法２九の二ロ，法令３②）
要件	次のすべての要件に該当する一般社団法人・一般財団法人（清算中に以下に掲げる要件のすべてに該当することとなったものを除く。）。	
	① その定款に剰余金の分配を行わない旨の定めがあること。 ② その定款に解散したときはその残余財産が国・地方公共団体又は一定の公益法人に帰属する旨の定めがあること。 ③ 上記①又は②の定款の定めに反する行為（上記①，②及び下記④の要件に該当していた期間において，特定の個人又は団体に特別の利益を与えることを含む。）を行うことを決定し，又は行ったことがないこと（法基通1-1-8～9）。 ④ 各理事(※)について，その理事及びその理事の親族等である理事の合計数の理事の総数のうちに占める割合が３分の１以下であること（法基通1-1-12）。	① 会員に共通する利益を図る活動を行うことをその主たる目的としていること。 ② その定款等に，会費として負担すべき金銭の額の定めがあること。 ③ その主たる事業として収益事業を行っていないこと（法基通1-1-10～11）。 ④ その定款に特定の個人又は団体に剰余金の分配を受ける権利を与える旨の定めがないこと。 ⑤ その定款に解散したときはその残余財産が特定の個人又は団体（国・地方公共団体，公益社団法人・公益財団法人等を除く。）に帰属する定めがないこと。 ⑥ 上記①～⑤及び下記⑦に掲げる要件に該当していた期間において，特定の個人又は団体に特別の利益を与えることを決定し，又は与えたことがないこと（法基通1-1-8～9）。 ⑦ 各理事(※)について，その理事及びその理事の親族等である理事の合計数の理事の総数のうちに占める割合が，３分の１以下であること（法基通1-1-12）。

（※） 使用人以外の者で経営に従事しているものは，当該一般社団法人・一般財団法人の理事とみなされる（法令３③）。

2　収益事業

「収益事業」とは，次に掲げる事業（付随行為（法基通15-1-6）を含む。）で，継続して事業場を設けて行われるものをいう（法法２十三，法令５）。

1．物品販売業	21．鉱　業
2．不動産販売業	22．土石採取業
3．金銭貸付業	23．浴 場 業
4．物品貸付業	24．理 容 業
5．不動産貸付業	25．美 容 業
6．製造業（電気，ガス又は熱の供給業及び物品の加工修理業を含む。）	26．興 行 業
	27．遊技所業
7．通 信 業	28．遊覧所業
8．運 送 業	29．医療保健業
9．倉 庫 業	30．洋裁，和裁，着物着付け，編物，手芸，料理，理容，美容，茶道，生花，演劇，演芸，舞踊，舞踏，音楽，絵画，書道，写真，工芸，デザイン（レタリングを含む。），自動車操縦若しくは一定の船舶操縦〔技芸〕の教授（技芸に関する免許の付与等を含む。）又は入試，補習のための学力の教授若しくは公開模擬学力試験を行う事業
10．請 負 業（事務処理の委託を受ける業務を含む。）	
11．印 刷 業	
12．出 版 業	
13．写 真 業	
14．席 貸 業	
15．旅 館 業	
16．料理店業その他の飲食店業	
17．周 旋 業	
18．代 理 業	31．駐車場業
19．仲 立 業	32．信用保証業
20．問 屋 業	33．無体財産権の提供等を行う事業
	34．労働者派遣業

（注）1　上記のうち，その業務が法律の規定に基づいて行われるなど，特に公共・公益的な一定の事業は収益事業から除外される。

2　次に掲げる事業は，上記に掲げる種類の事業であっても，その種類を問わず収益事業から除外される（法令５②）。

①　公益社団法人・公益財団法人が行う公益目的事業

②　身体障害者及び生活保護者等が事業に従事する者の総数の２分の１以上を占め，かつ，その事業がこれらの者の生活の保護に寄与しているもの

③　母子福祉資金の貸付けの対象となる母子福祉団体が行う事業で，母子福祉資金等の貸付期間内に行われるもの及び公共的施設内において行われるもの

④　保険契約者保護機構が，破綻保険会社の保険契約の引受け及びその引受けに係る保険契約の管理等の業務として行うもの

3　公益法人等が，事務処理の受託の性質を有する業務を行う場合においても，当該業務が法令の規定，行政官庁の指導又は当該業務に関する規則，規約若しくは契約に基づき実費弁償により行われるものであり，かつ，そのことにつきあらかじめ一定の期間を限って所轄税務署長等の確認を受けたときは，その確認を受けた期間については，当該公益法人等の収益事業としないものとされる（法基通15-1-28）。

3　同族会社

1　同族会社等の特別な規定

同族会社や特定同族会社に該当すると，非同族会社とは別の特別な規定が適用される。

同族会社の特別な規定

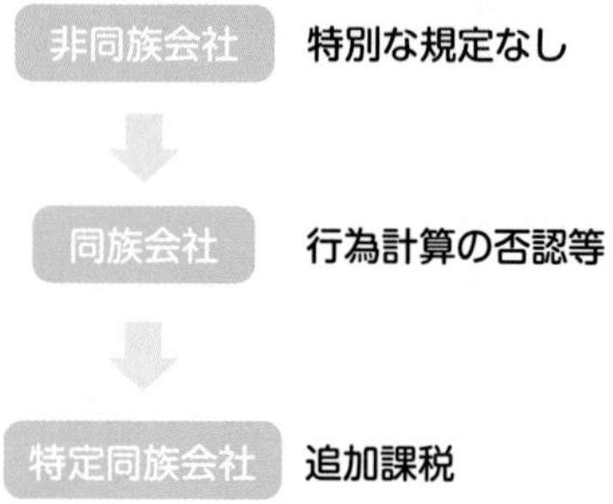

非同族会社　特別な規定なし
↓
同族会社　行為計算の否認等
↓
特定同族会社　追加課税

同族会社／非同族会社の関係

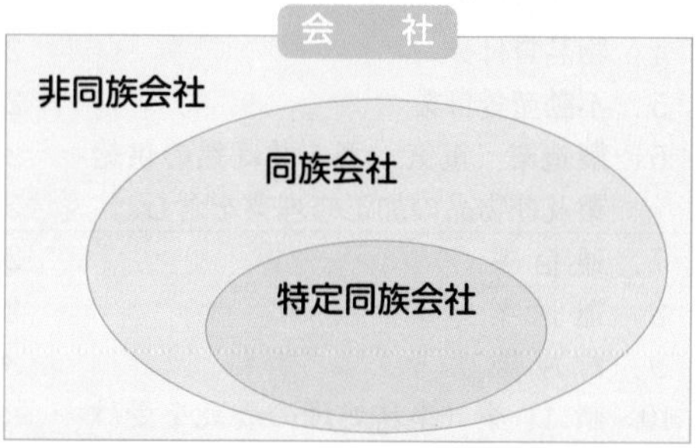

会　社
非同族会社
同族会社
特定同族会社

同族会社	要件	株主等の３人以下とこれらの株主等と特殊の関係にある個人及び法人がその会社の株式の総数又は出資金額の合計額の50％超を保有している会社をいい，同族会社であるかどうかの判定に当たっては，当該株主等と特殊な関係にある者〔同族関係者〕の持分を全部合わせて１グループとし，３グループまでの組み合わせにより発行済株式の総数又は出資金額の50％を超える場合には，その会社は同族会社と判定される（法法２十）。 ◇特殊関係のある個人（法令４①） イ　株主等の親族（配偶者，６親等内の血族，３親等内の姻族（民法725）） ロ　株主等と内縁関係（事実上婚姻関係と同様の事情）にある者 ハ　個人である株主等の使用人（法人株主の使用人は含まない。） ニ　個人株主等から受ける金銭等により生計を維持している者（上記イからハ以外の者） ホ　上記ロからニの者と生計を一にするこれらの者の親族 ◇特殊関係のある法人（法令４②） イ　株主等の１人（個人の場合は同族関係者含む。以下，ロ及びハにおいて同じ。）が他の会社を支配している場合における当該他の会社 ロ　株主等の１人とイの会社が他の会社を支配している場合における当該他の会社 ハ　株主等の１人とイ及びロの会社が他の会社を支配している場合における当該他の会社 ◇「他の会社を支配している場合」とは，次に掲げる場合のいずれかに該当するものをいう（法令４③）。 (イ)　他の会社の発行済株式又は出資の総数又は総額の50％を超える数又は金額の株式又は出資を有する場合

同族会社	要件	(ロ) 他の会社の次に掲げる議決権のいずれかにつき，その総数の50%を超える数を有する場合 ㋑ 事業の全部若しくは重要な部分の譲渡，解散，継続，合併，分割，株式交換，株式移転又は現物出資に関する決議に係る議決権 ㋺ 役員の選任及び解任に関する決議に係る議決権 ㋩ 役員の報酬，賞与その他の職務執行の対価として会社 が供与する財産上の利益に関する事項についての決議に係る議決権 ㋥ 剰余金の配当又は利益の配当に関する決議に係る議決権 (ハ) 他の会社の株主等（合名会社，合資会社又は合同会社の社員に限る。）の総数の半数を超える 数を占める場合 (注) 株主等の３人以下が一定の議決権につきその総数の50%超の数を有する場合や株主等の３人以下が持分会社である会社の社員の過半数を占める場合も同族会社となる（法令４⑤）。
	特別な規定	法人税法においては，同族会社（法法２十）に該当すると，非同族会社とは別に，次の規定が適用される。 ① 同族会社の使用人のうち一定の株式を保有している者は，役員とみなされる場合があり，同族会社の役員のうち一定の株式を保有している者は，使用人兼務役員とされない役員となる（法令71①五）。 ② 同族会社において，法人税の負担を不当に減少させる結果となる行為や計算が行われるときは，正常な取引に置き替えて所得金額が計算され，法人税の課税が行われる。これを同族会社等の行為又は計算の否認という（法法132）。
特定同族会社	要件	会社の株主等の１人とその同族関係者（上記「同族会社」参照）がその会社の発行済株式又は出資の総数又は総額の50%を超える数又は金額の株式又は出資を有する場合など「その会社を支配している場合」におけるその会社を被支配会社という。 この被支配会社のうち，被支配会社であることについての判定の基礎となった株主又は社員のうちに被支配会社でない法人がある場合，その法人をその判定の基礎となる株主又は社員から除外して判定するとした場合においても被支配会社となるもの（資本金の額又は出資金の額が１億円以下であるものにあっては法人税法66条５項２号から５号に掲げるもの及び同条６項に規定する大通算法人に限る。また，清算中のものを除く。）をいう（法法67①②）。
	特別な規定	特定同族会社が，一定限度を超えて，所得を留保した場合には，基本税率による法人税のほかに特別税率による法人税の追加課税が行われる（法法67）。

（参考） 国税庁「申告書作成上の留意点」（令和５年10月）「別表二　同族会社等の判定に関する明細書」
https://www.nta.go.jp/publication/pamph/hojin/aramashi2023/pdf/02-03.pdf

2　特定同族会社の留保金課税

(1)　留保金課税のイメージ

特定同族会社の留保金課税については，次のようなイメージである。

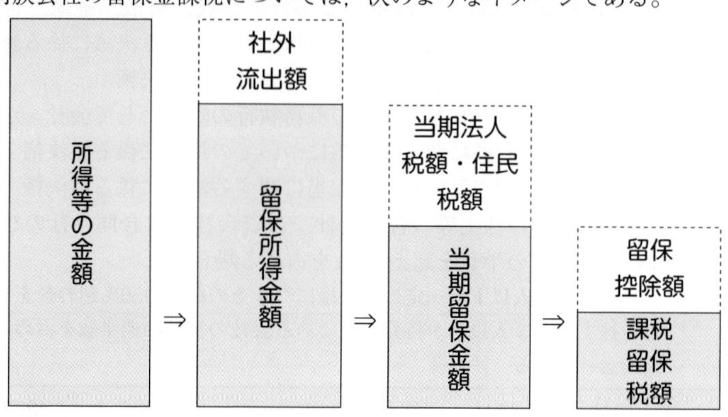

(2)　留保控除額（次のうち最も多い額）

上記イメージの留保控除額は，次のうち最も多い金額である。

所得基準額	所得等の金額の40%
定額基準額	年2,000万円
積立金基準額	資本金の25%相当額－利益積立金額

(3)　税率

税率は，次のとおりである。

課税留保金額	税率
年3,000万円以下の金額	10%
年3,000万円超１億円以下の金額	15%
年１億円超の金額	20%

(※)　適用除外事業者の判定

「適用除外事業者」とは，中小企業向け租税特別措置の適用を受けようとする法人〔判定法人〕の判定対象年度開始の日前３年以内に終了した各事業年度〔基準年度〕の所得金額の合計額を各基準年度の月数の合計数で除し，これに12を乗じて計算した金額（次の①～④に掲げる事由がある場合には，その計算した金額に一定の調整を加えた金額）が15億円を超える法人をいう（措法42の４⑲八，措令27の４⑱～㉒）。

⇒　次の①～④に掲げる事由に該当することがなければ，単純に，合計で36月以上となる各基準年度の所得金額の合計額をその合計月数で除し，12を乗じて計算した金額が15億円を超えるかどうかで判定することとなる。

〔特定同族会社の判定フローチャート〕

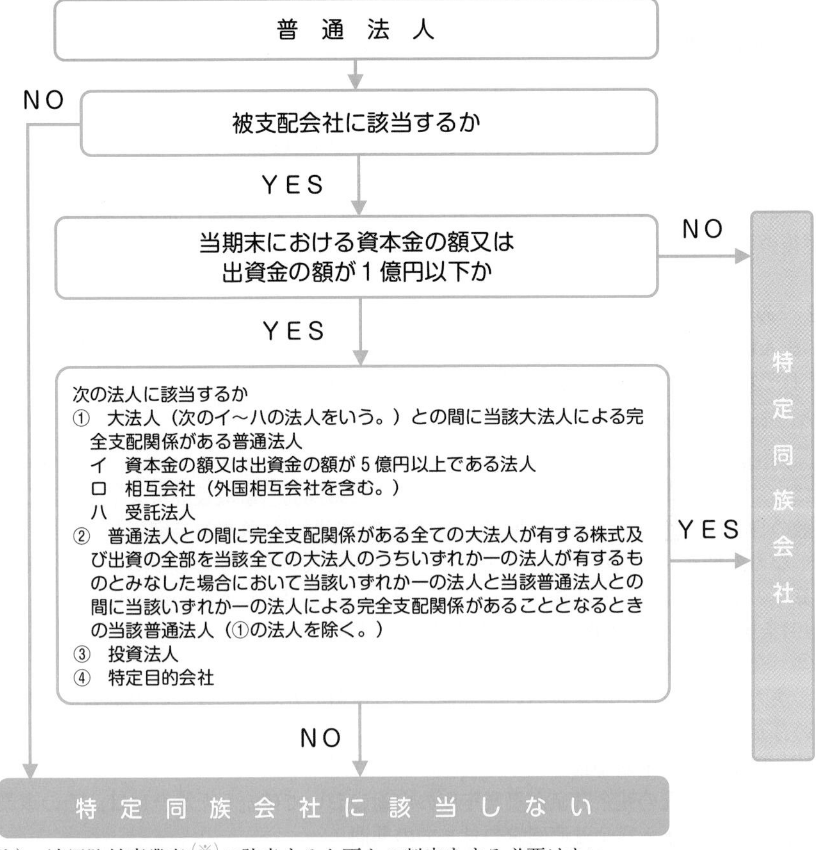

（注） 適用除外事業者(※)に該当するか否かの判定をする必要はない。

（出典） 国税庁資料

① 判定法人の判定対象事業年度に係る各事業年度を還付所得事業年度とする欠損金の繰戻し還付の適用があったこと

② 判定法人が特定合併等に係る合併法人等に該当する場合

（注） 特定合併等とは，合併等（合併，分割，現物出資，事業の譲受け又は特別の法律に基づく承継）のうち，判定対象年度開始の日から起算して３年前の日〔基準日〕から判定対象年度開始の日の前日までの間に行われた法人を設立する合併等で事業を移転するものなどをいう（措令27の４⑳一）。

③ 判定法人が基準日から判定対象年度開始の日の前日までのいずれかの時において公益法人等又は内国法人である人格のない社団等に該当していた場合

④ 判定法人が外国法人である場合

4　事業年度

1　事業年度

「事業年度」とは，法人の財産及び損益の計算の単位となる期間で，法令又は定款等に定める会計期間をいい，法令又は定款等に会計期間の定めがない場合には，納税地の所轄税務署長に届け出た会計期間又は納税地の所轄税務署長が指定した会計期間となる（法法13）。

なお，法人がその定款等に定める会計期間を変更し又は新たに定めた場合には，変更後の会計期間を遅滞なく所轄税務署長に届け出なければならない（法法15）。

2　みなし事業年度

法人が事業年度の中途で解散した場合や合併により消滅した場合には，次のように，それぞれの期間を1事業年度とみなすこととしている（法法14）。

①　解散等の場合

内国法人が事業年度の中途に置いて解散（合併による解散を除く。）をした場合には，その事業年度開始の日から解散の日までの期間（解散最終事業年度）及び解散の日の翌日からその事業年度終了の日までの期間（清算事業年度）とする。

なお，株式会社又は一般社団法人・一般財団法人が解散等をした場合における清算中の事業年度は，当該株式会社等が定款で定める事業年度にかかわらず，会社法494条等に規定する清算事務年度となる（法基通1-2-9）。

②　合併の場合

法人が事業年度の中途において合併により解散した場合には，その事業年度開始の日から合併の日の前日までの期間

③　残余財産確定の場合

清算中の法人の残余財産が事業年度の中途において確定した場合には，その事業年度開始の日から残余財産確定の日までの期間

④　継続した場合

清算中の内国法人が事業年度の中途において継続した場合には，その事業年度開始の日から継続の日の前日までの期間及び継続の日からその事業年度の末日までの期間をそれぞれ1事業年度とみなす。

⑤　組織変更等の場合

組織変更等の場合は，すべて新法人が旧法人当時の期首から引き続き存在したものとする（法基通1-2-2）。

⑥　更生手続開始の場合

更生手続開始の決定があったときは，事業年度は，その開始の決定があった時に終了し，これに続き事業年度は，計画認可の時又は更正手続終了の日に終了する（この期間が1年を超える場合には更正手続き開始決定の翌日から1年ごとに事業年度が区切られる）（会社更生法232②）。

（備考）上記のほか，公益法人等の収益事業課税やグループ通算制度等に係るみなし事業年度が整備されている。

第2編　課税所得の計算構造と収益及び費用の帰属

1　課税標準（所得の金額）

法人税の課税標準は，各事業年度の所得の金額である（法法21）。

各事業年度の所得の金額は，その事業年度の益金の額から損金の額を控除した金額とされている（法法22①）。

益金の額	各事業年度の所得の金額の計算上当該事業年度の益金の額に算入すべき金額は，別段の定めがあるものを除き，資産の販売，有償又は無償による資産の譲渡又は役務の提供，無償による資産の譲受けその他の取引で資本等取引以外のものに係る当該事業年度の収益の額とする（法法22②）。
損金の額	各事業年度の所得の金額の計算上当該事業年度の損金の額に算入すべき金額は，別段の定めがあるものを除き，次に掲げる額とする（法法22③）。 ①　その事業年度の収益に係る売上原価，完成工事原価等 ②　その事業年度の販売費，一般管理費その他の費用（償却費以外の費用で当該事業年度終了の日までに債務の確定しないものを除く。）の額 ③　その事業年度の損失の額で資本等取引以外の取引に係るもの
資本等取引の意義	法人の資本金等の額の増加又は減少を生ずる取引並びに法人が行う利益又は剰余金の分配（資産の流動化に関する法律115条1項に規定する金銭の分配を含む。）及び残余財産の分配又は引渡しをいう（法法22⑤）。

（注）　益金の額に算入すべき収益の額及び損金の額に算入すべき原価，費用及び損失の額は，別段の定めがあるものを除き，一般に公正妥当と認められる会計処理の基準に従って計算されるものとされる（法法22④）。

○会計上の利益と課税所得との関係

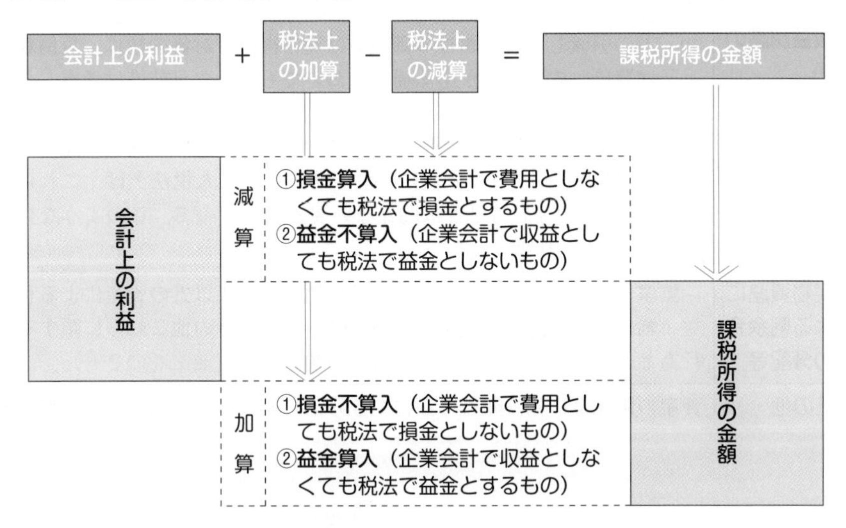

2　収益及び費用の帰属事業年度

1　資産の販売等に係る収益の認識等（原則）

<table>
<tr><td rowspan="3">収益認識の時期</td><td>①　資産の販売等（資産の販売若しくは譲渡又は役務の提供をいう。）に係る収益の額は，原則として，目的物の引渡し又は役務の提供の日〔引渡し等の日〕の属する事業年度の所得の金額の計算上益金の額に算入する（法法22の２①）。
（例）出荷日，検収日，作業結了日，使用収益開始日　等</td></tr>
<tr><td>②　一般に公正妥当と認められる会計処理の基準〔公正処理基準〕に従って引渡し等の日に近接する日の属する事業年度の収益の額として経理した場合には，その事業年度の益金の額に算入する（法法22の２②）。
（例）契約効力発生日，仕切精算書到達日，検針日　等</td></tr>
<tr><td>③　公正処理基準に従って経理していない場合でも，上記②に規定する近接する日の属する事業年度の確定申告書にその資産の販売等に係る収益の額の益金算入に関する申告の記載があるときは，その事業年度の確定決算において収益として経理したものとみなす（法法22の２③）。
（注）引渡し等の日又は近接する日に属する事業年度において収益経理している場合には，申告調整によりこれらの日以外の日の属する事業年度の益金の額に算入することは認められない。</td></tr>
<tr><td rowspan="2">収益認識の額</td><td>①　資産の販売等に係る収益の額として所得の金額の計算上益金の額に算入する金額は，原則として，その販売・譲渡をした資産の引渡しの時における価額又はその提供をした役務につき通常得べき対価の額（一般的には第三者間で通常付される価額（いわゆる時価））に相当する金額とする（法法22の２④）。</td></tr>
<tr><td>②　①の引渡しの時における価額又は通常得べき対価の額は，貸倒れ又は買戻しの可能性がある場合においても，その可能性は考慮しない（法法22の２⑤）。
（注）「収益認識に関する会計基準」においては，回収不能や返品の影響を見積もって取引価額に反映させるが，法人税法上は，これらは譲渡資産等の時価とは関係ない要素であるので，このような処理は認められない。</td></tr>
<tr><td>現物資産による剰余金の分配等</td><td>無償による資産の譲渡に係る収益の額は，金銭以外の資産による利益・剰余金の分配及び残余財産の分配・引渡しその他これらに類する行為としての資産の譲渡に係る収益の額を含む（法法22の２⑥）。</td></tr>
<tr><td>その他</td><td>資産の販売等に係る収益の額につき修正の経理をした場合の処理等</td></tr>
</table>

（参考1）収益認識の時期（法法22の2①～③）のイメージ

（例：3月決算法人）

原則処理（法法22の2①）

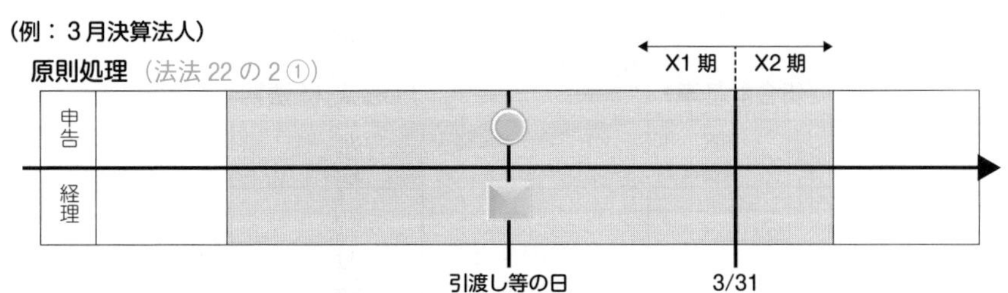

例外処理1（法法22の2②）

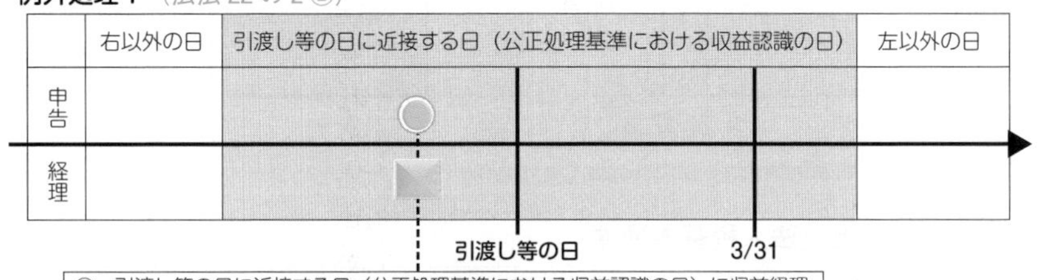

○ 引渡し等の日に近接する日（公正処理基準における収益認識の日）に収益経理
⇒ その近接する日の属する事業年度で益金算入

例外処理2（法法22の2③）

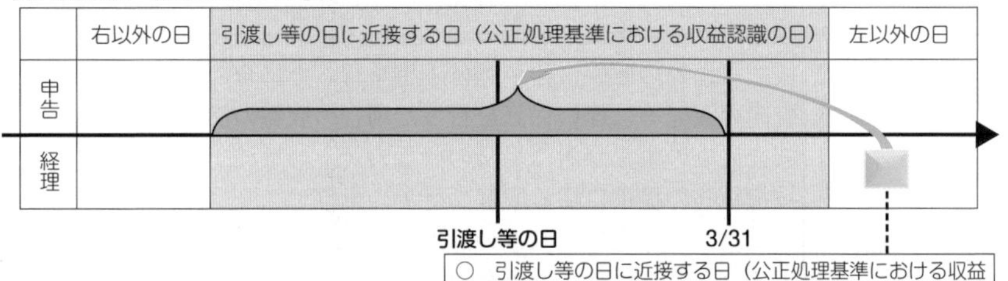

○ 引渡し等の日に近接する日（公正処理基準における収益認識の日）の属する事業年度の確定申告書において申告調整をした場合には，その日の属する事業年度に収益経理をしたものとみなして，その事業年度で益金算入する。

例外処理2（法法22の2③）**の適用不可**

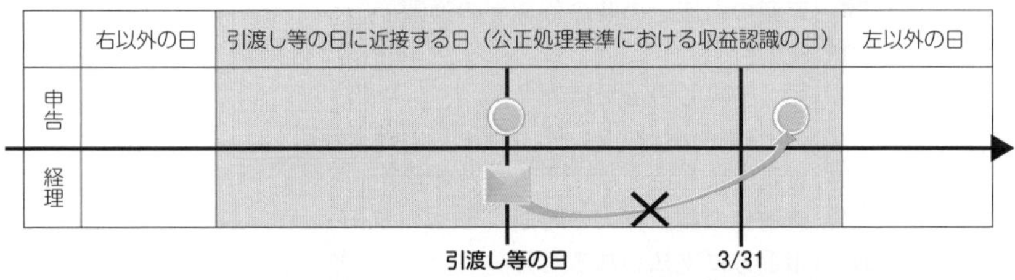

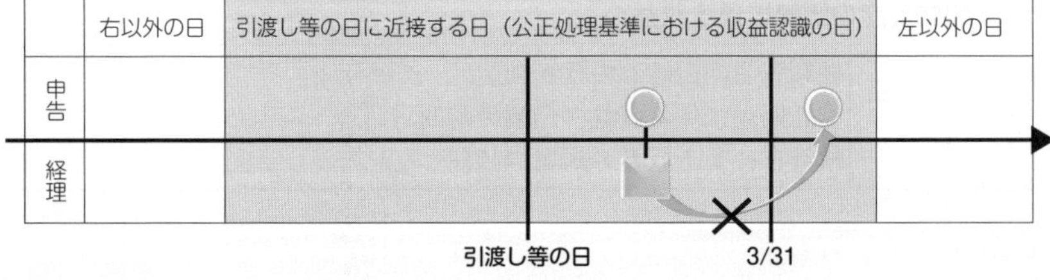

（出典）国税庁資料

（参考２）収益認識の額（法法22の２④⑤）のイメージ図

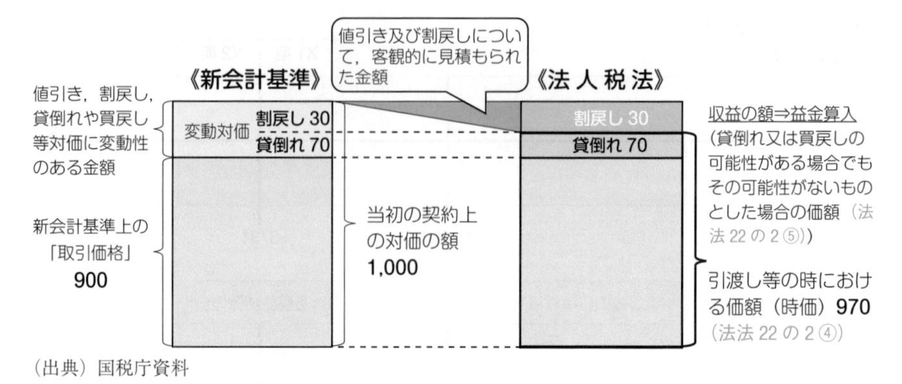

（出典）国税庁資料

2　収益の計上（法人税基本通達）

法人税基本通達	内　　　容

⑴　資産の販売等に係る収益計上に関する通則

２－１－１	収益の計上の単位の通則
２－１－１の２	機械設備等の販売に伴い据付工事を行った場合の収益の計上の単位
２－１－１の３	資産の販売等に伴い保証を行った場合の収益の計上の単位
２－１－１の４	部分完成の事実がある場合の収益の計上の単位
２－１－１の５	技術役務の提供に係る収益の計上の単位
２－１－１の６	ノウハウの頭金等の収益の計上の単位
２－１－１の７	ポイント等を付与した場合の収益の計上の単位
２－１－１の８	資産の販売等に係る収益の額に含めないことができる利息相当部分
２－１－１の９	割賦販売等に係る収益の額に含めないことができる利息相当部分
２－１－１の10	資産の引渡しの時の価額等の通則
２－１－１の11	変動対価
２－１－１の12	売上割戻しの計上時期
２－１－１の13	一定期間支払わない売上割戻しの計上時期
２－１－１の14	実質的に利益を享受することの意義
２－１－１の15	値増金の益金算入の時期
２－１－１の16	相手方に支払われる対価

⑵　棚卸資産の販売に係る収益

２－１－２	棚卸資産の引渡しの日の判定
２－１－３	委託販売に係る収益の帰属の時期
２－１－４	検針日による収益の帰属の時期

(3) 固定資産の譲渡等に係る収益（2－1－5～13，17は削除）

2－1－14	固定資産の譲渡に係る収益の帰属の時期
2－1－15	農地の譲渡に係る収益の帰属の時期の特例
2－1－16	工業所有権等の譲渡に係る収益の帰属の時期の特例
2－1－18	固定資産を譲渡担保に供した場合
2－1－19	共有地の分割
2－1－20	法律の規定に基づかない区画形質の変更に伴う土地の交換分合
2－1－21	道路の付替え

(4) 役務の提供に係る収益

2－1－21の2	履行義務が一定の期間にわたり充足されるものに係る収益の帰属の時期
2－1－21の3	履行義務が一時点で充足されるものに係る収益の帰属の時期
2－1－21の4	履行義務が一定の期間にわたり充足されるもの
2－1－21の5	履行義務が一定の期間にわたり充足されるものに係る収益の額の算定の通則
2－1－21の6	履行義務の充足に係る進捗度
2－1－21の7	請負に係る収益の帰属の時期
2－1－21の8	建設工事等の引渡しの日の判定
2－1－21の9	不動産の仲介あっせん報酬の帰属の時期
2－1－21の10	技術役務の提供に係る報酬の帰属の時期
2－1－21の11	運送収入の帰属の時期

(5) 短期売買商品の譲渡に係る損益

2－1－21の12	短期売買商品の譲渡に係る損益の計上時期の特例
2－1－21の13	短期売買業務の廃止に伴う短期売買商品から短期売買商品以外の資産への変更

(6) 有価証券の譲渡による損益

2－1－22	有価証券の譲渡による損益の計上時期
2－1－23	有価証券の譲渡による損益の計上時期の特例
2－1－23の2	短期売買業務の廃止に伴う売買目的有価証券から満期保有目的等有価証券又はその他有価証券への区分変更
2－1－23の3	現渡しの方法による決済を行った場合の損益の計上時期
2－1－23の4	売却及び購入の同時の契約等のある有価証券の取引

(7) 利子，配当，使用料等に係る収益

2－1－24	貸付金利子等の帰属の時期
2－1－25	相当期間未収が継続した場合等の貸付金利子等の帰属時期の特例
2－1－26	利息制限法の制限超過利子
2－1－27	剰余金の配当等の帰属の時期
2－1－28	剰余金の配当等の帰属時期の特例

2－1－29	賃貸借契約に基づく使用料等の帰属の時期
2－1－30	知的財産のライセンスの供与に係る収益の帰属の時期
2－1－30の2	工業所有権等の実施権の設定に係る収益の帰属の時期
2－1－30の3	ノウハウの頭金等の帰属の時期
2－1－30の4	知的財産のライセンスの供与に係る売上高等に基づく使用料に係る収益の帰属の時期
2－1－30の5	工業所有権等の使用料の帰属の時期
2－1－31	送金が許可されない利子，配当等の帰属の時期の特例

(8) その他の収益等

2－1－32	償還有価証券に係る調整差損益の計上
2－1－33	償還有価証券の範囲
2－1－34	債権の取得差額に係る調整差損益の計上
2－1－35	デリバティブ取引に係る契約に基づく資産の取得による損益の計上
2－1－36	デリバティブ取引に係る契約に基づく資産の譲渡による損益の計上
2－1－37	有利な状況にある相対買建オプション取引について権利行使を行わなかった場合の取扱い
2－1－38	不利な状況にある相対買建オプション取引について権利行使を行った場合の取扱い
2－1－39	商品引換券等の発行に係る収益の帰属の時期
2－1－39の2	非行使部分に係る収益の帰属の時期
2－1－39の3	自己発行ポイント等の付与に係る収益の帰属の時期
2－1－40	将来の逸失利益等の補填に充てるための補償金等の帰属の時期
2－1－40の2	返金不要の支払の帰属の時期
2－1－41	保証金等のうち返還しないものの額の帰属の時期
2－1－42	法令に基づき交付を受ける給付金等の帰属の時期
2－1－43	損害賠償金等の帰属の時期
2－1－44	金融資産の消滅を認識する権利支配移転の範囲
2－1－45	金融負債の消滅を認識する債務引受契約等
2－1－46	金融資産等の消滅時に発生する資産及び負債の取扱い
2－1－47	金融資産等の利回りが一定でない場合等における損益の計上
2－1－48	有価証券の空売りに係る利益相当額等の外貨換算

（備考）1　平成30年度改正において，法人税法22条の2が創設されたことに伴う法人税基本通達の整備方針は，以下のとおりとされている。なお，新たに創設された取扱い等の考え方等については，国税庁「「収益認識に関する会計基準」への対応について～法人税関係～」（平成30年5月）を参照されたい。

2　上記通達の逐条解釈については，国税庁「平成30年5月30日付課法2-8ほか2課共同「法人税基本通達等の一部改正について」（法令解釈通達）の趣旨説明」を参照されたい。

・新会計基準は収益の認識に関する包括的な会計基準である。履行義務の充足により収益を認識するという考え方は，法人税法上の実現主義又は権利確定主義の考え方と齟齬をきたすものではない。そのため，改正通達には，原則としてその新会計基準の考え方を取り込んでいく。
・一方で，新会計基準について，過度に保守的な取扱いや，恣意的な見積りが行われる場合には，公平な所得計算の観点から問題があるため，税独自の取扱いを定める。
・中小企業については，引き続き従前の企業会計原則等に則った会計処理も認められることから，従前の取扱いによることも可能とする。

3　原価・費用の計上（法人税基本通達）

法人税基本通達	内　　容

⑴　売上原価等

法人税基本通達	内　　容
2－2－1	売上原価等が確定していない場合の見積り
2－2－2	造成団地の分譲の場合の売上原価の額
2－2－3	造成団地の工事原価に含まれる道路，公園等の建設費
2－2－4	砂利採取地に係る埋戻し費用
2－2－5	請負収益に対応する原価の額
2－2－6	未成工事支出金勘定から控除する仮設材料の価額
2－2－7	木造の現場事務所等の取得に要した金額が未成工事支出金勘定の金額に含まれている場合の処理
2－2－8	金属造りの移動性仮設建物の取得価額の特例
2－2－9	技術役務の提供に係る報酬に対応する原価の額
2－2－10	運送収入に対応する原価の額
2－2－11	商品引換券等を発行した場合の引換費用

⑵　販売費及び一般管理費等

法人税基本通達	内　　容
2－2－12	債務の確定の判定 次に掲げる要件の全てに該当することが必要 ①　当該事業年度終了の日までに当該費用に係る債務が成立していること。 ②　当該事業年度終了の日までに当該債務に基づいて具体的な給付をすべき原因となる事実が発生していること。 ③　当該事業年度終了の日までにその金額を合理的に算定することができるものであること。
2－2－13	損害賠償金
2－2－14	短期の前払費用 （参考）国税庁ＨＰ－質疑応答事例（法人税）「短期前払費用の取扱いについて」
2－2－15	消耗品費等

⑶　損失

法人税基本通達	内　　容
2－2－16	前期損益修正

（参考） 国税庁「法人が「会計上の変更及び誤謬の訂正に関する会計基準」を適用した場合の税務処理について（情報）」
https://www.nta.go.jp/law/joho-zeikaishaku/hojin/111020/pdf/all.pdf

4 長期割賦販売等に係る収益及び費用の帰属年度の特例

法人が，長期割賦販売等に該当する資産の販売等に係る目的物又は役務の引渡し又は提供の日の属する事業年度以後の各事業年度の確定した決算において延払基準の方法により経理した場合には，その経理した収益の額及び費用の額はその各事業年度の所得の金額の計算上，益金の額及び損金の額に算入することとされていた（旧法法63①）。

【平成30年度改正】

平成30年４月１日前に長期割賦販売等に該当する資産の販売等（リース譲渡を除く。）を行った法人等について，令和５年３月31日までに開始する各事業年度について廃止前の規定による収益の額及び費用の額の計算を認めるとともに，平成30年４月１日以後に終了する事業年度において計算をやめた場合の未計上収益額及び未計上費用額を10年均等で計上する等の経過措置が講じられている（平成30年改正法附則28）。

5 リース譲渡に係る収益及び費用の帰属事業年度

リース取引により賃貸人が賃借人へリース資産の引渡し〔リース譲渡〕を行った場合には，延払基準の方法による収益の額及び費用の額の計上が認められている（法法63）。

〔リース譲渡に係る延払基準のイメージ〕

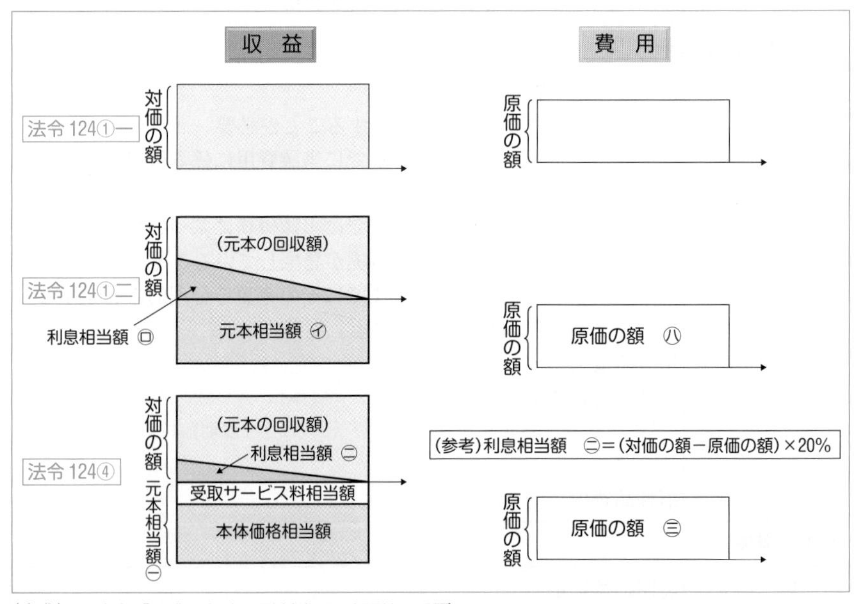

（出典）財務省『平成19年度　税制改正の解説』342頁

(参考) 公益社団法人リース事業協会のホームページに「リース会計税制に関するＱ＆Ａ」として，次の資料が収録されている。
・「改正消費税法に関するＱ＆Ａ」
・「リースを利用される方のためのリース会計税制Ｑ＆Ａ」
・「リース取引の税務上の取扱いに関するＱ＆Ａ［法人税編］」
・「リース取引の税務上の取扱いに関するＱ＆Ａ［消費税編］」

6 工事の請負に係る収益及び費用の帰属事業年度

請負工事のうち長期大規模工事に該当するものについては，収益の額及び費用の額の計上につき，工事進行基準が強制適用される（法法64）。

⑴ 「長期大規模工事」の意義

長期大規模工事とは，次の３つの要件を満たす工事をいう（法法64①）。

① 工事の着手の日からその工事に係る契約において定められている目的物の引渡しの期日までの期間が１年以上であること
② その工事の請負の対価の額が，10億円以上の工事であること
③ 工事の契約において，その請負の対価の額の２分の１以上がその工事の目的物の引渡しの期日から１年を経過する日後に支払われることが定められていないものであること

(参考通達等)
法基通２－４－12（工事の請負の範囲）
法基通２－４－13（契約の意義）
法基通２－４－14（長期大規模工事に該当するかどうかの判定単位）
平成22年11月18日付文書回答「JV工事の場合の長期大規模工事の判定について」

⑵ 工事進行基準の方法

次の算式により計算された収益の額及び費用の額をその事業年度の益金の額及び損金の額に算入する。

① 工事期間中の事業年度

当期に計上すべき収益の額 ＝ 請負の対価の額 × 進行割合(注) － 既に収益の額として計上した金額

当期に計上すべき費用の額 ＝ 期末の現況により見積もられる工事原価の額 × 進行割合(注) － 既に費用の額として計上した金額

(注)「進行割合」とは，次のとおり。

$$\text{進行割合} = \frac{\text{既に要した原材料費，労務費その他の経費の額の合計額}}{\text{期末の現況により見積もられる工事原価の額}}$$

※進捗度に寄与しない原価等がある場合には，その原価等の金額を進行割合の算定に当たって反映させないことができる（法基通２－４－18の２）。

② 引渡事業年度

当期に計上すべき収益の額 ＝ 請負の対価の額 － 既に収益の額として計上した金額

当期に計上すべき費用の額 ＝ 工事原価の額 － 既に費用の額として計上した金額

第3編　法令等による益金算入額及び益金不算入額

1　受取配当等

1　受取配当等の益金不算入

法人が他の内国法人から配当等を受けた場合には，その配当等の基になる株式等の区分に応じて，その配当等の額の全部又は一部を益金の額に算入しないこととしている（法法23①②）。

なお，配当等の支払に係る基準日（信託の収益の分配にあっては，その計算期間の末日）以前1か月以内に取得し，かつ，基準日後2か月以内に譲渡した株式等〔短期保有株式等〕の配当等については，益金不算入の対象とならない（法法23②）。

区　分	益金不算入額
①　完全子法人株式等に係る配当等	配当等の額（全額）
②　関連法人株式等に係る配当等	配当等の額　－　負債利子の額（法法23④）
③　①，②及び④以外の株式等に係る配当等	配当等の額の50％相当額
④　非支配目的株式等に係る配当等	配当等の額の20％相当額

※1　「完全子法人株式等」とは，配当等の額の計算期間を通じて内国法人との間に完全支配関係➡ p.96がある他の内国法人（みなし配当等の金額にあっては，その金額の支払に係る効力が生ずる日の前日において完全支配関係があった場合）のその内国法人の株式等をいう（法法23⑤）。なお，法人が，株式等の全部を直接又は間接に保有していない他の内国法人から配当等の額を受けた場合において，その配当等の額の計算期間を通じて，当該法人と当該他の内国法人とが同一の100％グループに属している法人であるときは，当該他の内国法人の株式等の保有割合にかかわらず，その配当等の額は，完全子法人株式等に係るものとして，全額が益金不算入とされる（法基通3－1－9）。

2　「関連法人株式等」とは，内国法人が他の内国法人の発行済株式等の総数又は総額の3分の1を超える数又は金額の株式等をその内国法人が他の内国法人から受ける配当等の額に係る配当等の前に最後に当該他の内国法人によりされた配当等の基準日等の翌日からその受ける配当等の額に係る基準日等まで引き続き有している場合におけるその株式等をいう（法法23④，法令22）。

3　「非支配目的株式等」とは，内国法人が他の内国法人の発行済株式等の総数又は総額の5％以下に相当する数又は金額の株式等をその内国法人が他の内国法人から受ける配当等の額の支払に係る基準日において有する場合におけるその株式等をいう（法法23⑥）。

4　保険会社が保有する非支配目的株式等につき支払を受ける配当等の額については，その配当等の額の40％相当額が益金不算入とされる（措法67の7）。

5　関連法人株式等に係る負債利子控除額は，関連法人株式等に係る配当等の額の

4％相当額（その事業年度において支払う負債利子の額の10％相当額を上限とする。）とされる。

◇「みなし配当等」

次に掲げる事由により金銭その他の資産の交付を受けた場合において，その金銭の額及び金銭以外の資産の価額（適格現物分配に係る資産にあっては，その交付の直前の当該資産の帳簿価額相当額）の合計額がその法人の資本金等の額のうちその交付の基因となった株式等に対応する部分の金額（法令23①）を超えるときは，配当等の額とみなす。

① 合併（適格合併を除く。）
② 分割型分割（適格分割型分割を除く。）
③ 株式分配（適格株式分配を除く。）
④ 資本の払戻し（剰余金の配当（資本剰余金の額の減少に伴うものに限る。）のうち分割型分割によるもの及び株式分配以外のもの並びに出資等減少分配をいう。）又は解散による残余財産の分配
⑤ 自己の株式又は出資の取得（市場における購入による取得等を除く。）
⑥ 出資の消却，払戻し，社員その他法人の出資者の退社・脱退による持分の払戻しその他株式等をその発行した法人が取得することなく消滅させること
⑦ 組織変更（当該組織変更に際して当該組織変更をした法人の株式等以外の資産を交付したものに限る。）

（参考1）みなし配当（利益積立金の減少部分は配当。資本金等の減少部分は譲渡損益。）

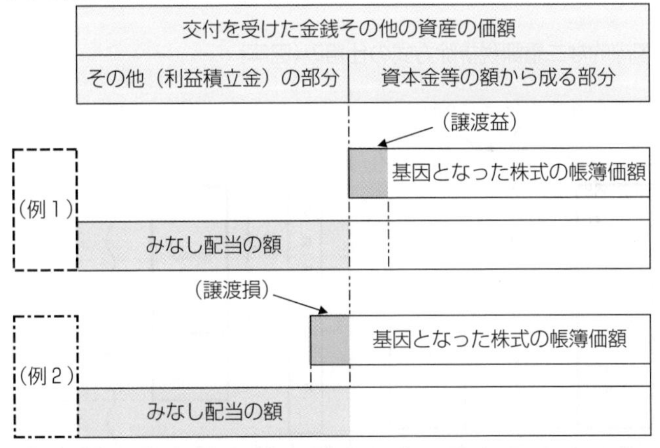

（参考2）資本の払戻しに係るみなし配当の額の計算方法等の見直し（令和4年度改正）

資本の払戻し又は出資等減少分配が行われた場合における減少する資本金等の額及び配当等の額とみなす金額について，次の見直しが行われた（法令8，23関係）。

① 減少する資本金等の額の計算の基礎となる減資資本金額及び分配資本金額並びに配当等の額とみなす金額の計算の基礎となる払戻等対応資本金額等及び分配対応資本金額等は，その資本の払戻しにより減少した資本剰余金の額又はその出資等減少分配による出資総額等の減少額を上限とする（法令23①四，五）。

② 二以上の種類の株式を発行していた法人が資本の払戻しを行った場合における減少する資本金等の額の計算の基礎となる減資資本金額及び配当等の額とみなす金額の計算の基礎となる所有株式に対応する資本金等の額は，その資本の払戻しに係る各種類の株式の種類資本金額を基礎として計算する。

〈利益剰余金と資本剰余金の双方を原資とする剰余金の配当で，**簿価純資産価額が直前の資本金等の額より小さい場合**〉

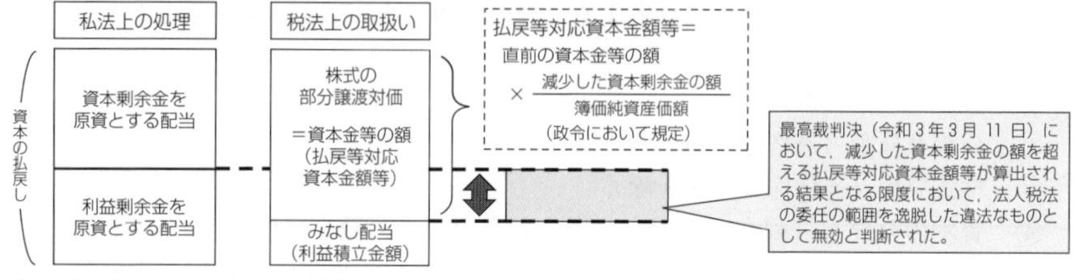

（出典）自民党税制調査会資料

2　外国子会社から受ける配当等の益金不算入

内国法人が外国子会社（外国法人に対する持株割合が25％以上であり，かつ，その保有期間が剰余金の配当等の額の支払義務が確定する日以前６か月以上である外国法人をいう。）から受ける剰余金の配当等の額ある場合には，その剰余金の配当等の額から費用に相当する金額（剰余金の配当等の額の５％相当額）を控除した金額については，益金の額に算入しない（法法23の２）。

（参考３）国際的な二重課税排除方式の仕組み（図解）

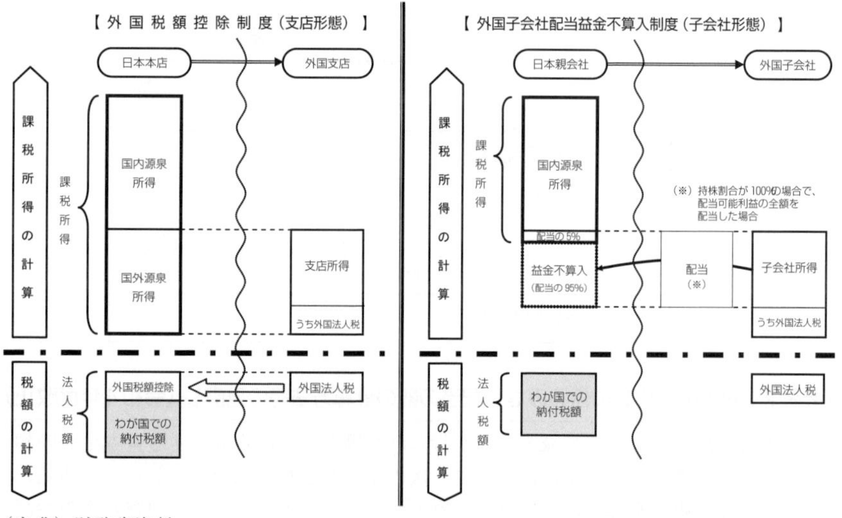

（出典）財務省資料

（参考４－１）子会社からの配当と子会社株式の譲渡を組み合わせた租税回避への対応（子会社株式簿価減額特例）

法人が，特定関係子法人[注1]から受ける配当等の額（その事業年度開始の日からその受ける直前までにその特定関係子法人から受ける配当等の額を含む。）〔対象配当金額〕が株式等の帳簿価額の10％相当額を超える場合には，その対象配当金額のうち益金不算入相当額[注3]を，その株式等の帳簿価額から引き下げることとされた（法令119の３他）。

（注１）「特定関係子法人」とは，配当等の決議の日〔配当決議日〕において特定支配関係[注2]を有する他の法人をいう。

（注２）「特定支配関係」とは，一の者（一の者と特殊の関係のある者を含む。）が他の法人の株式等又は一定の議決権の数等の50％超を直接又は間接に有する場合における当該一の者と他の法人との関係等をいう。

（注３）「益金不算入相当額」とは，受取配当益金不算入制度等により益金不算入とされる金額に相当する金額をいう。

なお，次に掲げる配当等の額は，本措置の適用除外とされる。

① 内国普通法人である特定関係子法人の設立の日から特定支配関係発生日（法人との間に特定支配関係を有することとなった日をいう。）までの間において，その発行済株式の総数等の90％以上を内国普通法人若しくは協同組合等又は居住者が有する場合の対象配当金額

② イに掲げる金額からロに掲げる金額を減算した金額がハに掲げる金額以上である場合における特定関係子法人から受ける対象配当金額

イ 配当決議日の属する特定関係子法人の事業年度開始の日における当該特定関係子法人の利益剰余金の額

ロ 当該開始の日からその配当等を受ける日までの間に特定関係子法人の株主が受ける配当等の総額

ハ 特定支配関係発生日の属する特定関係子法人の事業年度開始の日における利益剰余金の額に一定の調整を加えた金額

③ 特定支配関係発生日から10年を経過した日以後に受ける配当等の額

④ 対象配当金額が2,000万円を超えない場合におけるその対象配当金額

（参考４－２）子会社株式簿価減額特例制度の見直し（令和４年度改正）

① 対象配当等の額を受けた時の利益剰余金の額が特定支配日の利益剰余金の額以上である場合の適用除外基準について，利益剰余金期中増加及び期中配当等があったときの判定方法の細目が定められた。

② 本特例の適用を回避することを防止するための措置について，他の法人から受ける対象配当等の額に係る基準時以前10年以内に当該他の法人による特定支配関係があった関係法人の全てがその設立の時からその基準時まで継続して当該他の法人による特定支配関係がある関係法人である場合等には適用しない。

（注）上記の改正は，法人が令和２年４月１日以後に開始する事業年度において受ける対象配当等の額について適用（令和４年改正法令附則６⑤）。

2　資産の評価益

資産の評価換えをし，その帳簿価額を増額した場合には，その増額した部分の金額が益金の額に算入しない（法法25①）。

ただし，次の場合は，評価益を計上することができる。

① 更生計画認可の決定により会社更生法又は金融機関等の更正手続の特例等に関する法律の規定に従って行う評価換え（法法25②）

② 更生計画認可の決定があったことその他これに準ずる事実（法令24の２）が生じた場合に資産の価額につき一定の評定を行ったことに基づいて行う評価益の計上（法法25③）

③ 保険会社が保険業法112条の規定に基づいて行う株式の評価換え（法令24）

3　還付金等の益金不算入

⑴　益金不算入の還付金等の範囲

内国法人が次に掲げるものの還付を受け，又はその還付を受けるべき金額を未納の国税若しくは地方税に充当される場合には，その還付を受け又は充当される金額は，益金の額に算入しない（法法26①）。

① 法人税額等の損金不算入額（法法38①②）

② 不正行為等に係る費用等の損金不算入額（法法55④）

③ 所得税額等の還付（法法78）若しくは更正等による所得税額等の還付（法法133）又は外国税額の還付（地方法人税法22）若しくは更正等による外国税額の還付（地方法人税法27の２）による還付

④ 欠損金の繰り戻しによる還付（法法80）又は欠損金の繰戻しによる法人税の還付があった場合の還付（地方法人税法23）による還付金

⑵　外国子会社から受ける配当等に係る外国源泉税等の損金算入額の減額

内国法人が外国子会社から受ける配当等に係る外国源泉税等の損金不算入（法法39の２）の規定により損金の額に算入されない源泉税等の額が減額された場合には，その減額された金額は，益金の額に算入しない（法法26①）。

⑶　法人税額から控除する外国税額の損金不算入額の減額

内国法人が納付することとなった外国法人税（法法69①）の額につき法法69①～③まで又は⑱の規定の適用を受けた事業年度開始の日後７年以内に開始する内国法人の各事業年度において外国法人税の額が減額された場合には，その減額された金額のうち控除対象外国法人税の額が減額された部分として一定の金額（益金の額に算入する額として一定の金額を除く）は，益金の額に算入しない（法法26③，法令25，26）。

第４編　法令等による損金算入額及び損金不算入額

1　資産の評価損

1　評価損の損金不算入

資産の評価換えをしてその帳簿価額を減額した場合には，その減額した部分の金額は，損金の額に算入しない（法法33①）。

2　一定の事実が生じたことに基づく評価損の計上

資産につき，災害による著しい損傷により資産の価額が帳簿価額を下回ることとなった場合，物損等の事実及び法的整理の事実が生じた場合において，その資産の評価換えをして，損金経理によりその帳簿価額を減額したときは，その減額した金額は，その資産の帳簿価額と期末時価との差額に達するまでの金額を限度として，評価換えをした日の属する事業年度の損金の額に算入する（法法33②，法令68）。

区　分	一　定　の　事　実
①　棚卸資産	イ　当該資産が災害により著しく損傷したこと ロ　当該資産が著しく陳腐化したこと（法基通9-1-4） ハ　上記イ又はロに準ずる特別の事実（法基通9-1-5）
②　有価証券	イ　市場有価証券等の価額が著しく低下したこと（法基通9-1-7） ロ　市場有価証券等以外の有価証券について，その有価証券を発行する法人の資産状態が著しく悪化したため，その価額が著しく低下したこと（法基通9-1-9～11，国税庁「上場有価証券の評価損に関するQ＆A」（平成21年４月）参照） ハ　上記ロに準ずる事実 （注）　次の株式等については，評価損の計上は認められない（法法33⑤，法令68の３）。 (イ)　内国法人がその内国法人との間に完全支配関係がある他の内国法人で次のものの株式等を有する場合における当該株式等 ㋑　清算中の内国法人 ㋺　解散（合併による解散を除く。）をすることが見込まれる内国法人 ㋩　内国法人でその内国法人との間に完全支配関係がある他の内国法人との間で適格合併を行うことが見込まれるもの (ロ)　通算法人が有する他の通算法人（初年度離脱通算子法人及び通算親法人を除く。）の株式等
③　固定資産	イ　上記①イに掲げる事実 ロ　当該資産が１年以上にわたり遊休状態にあること ハ　当該資産がその本来の用途に使用することができないため，他の用途に使用されたこと

	ニ　当該資産の所在する場所の状況が著しく変化したこと ホ　上記イ～ニに準ずる特別の事実（法基通9-1-16）
④　繰延資産	対象となる繰延資産は，他の者の有する固定資産を利用するために支出されたものに限る。 イ　繰延資産のとなる費用の支出の対象となった固定資産につき，上記③イ～ニに掲げる事実が生じたこと ロ　上記イに準ずる特別の事実

3　法的整理等の一定の事実が生じた場合の資産の評価損

法人の有する資産について，法的整理など一定の事実が生じた場合には，期末時価までの評価損又は評価換えによる減額部分の評価損を計上することが認められる（法法33③④）。

2　役員の給与等

1　役員給与

役員に対する給与で一定の要件を満たすものは損金の額に算入される。

①　一定の役員給与の損金算入（法法34①，法令69）	
定期同額給与（法法34①一）	①　その支給時期が１か月以下の一定の期間ごとである給与〔定期給与〕で，その事業年度の各支給時期における支給額が同額であるもの ②　定期給与の額につき，次に掲げる給与改定がされた場合におけるその事業年度開始の日又は給与改定前の最後の支給時期の翌日から給与改定後の最初の支給時期の前日又はその事業年度終了の日までの間の各支給時期における支給額が同額であるもの イ　その事業年度開始の日の属する会計期間開始の日から３か月を経過する日までに継続して毎年所定の時期にされる定期給与の額の改定。ただし，その３か月を経過する日後にされることについて特別の事情があると認められる場合（法基通9-2-12の２）にはその改定の時期にされたもの ロ　その事業年度においてその法人の役員の職制上の地位の変更，その役員の職務の内容の重大な変更その他これらに類するやむを得ない事情〔臨時改定事由〕（法基通9-2-12の３）によりされたその役員に係る定期給与の額の改定（イに掲げる改定を除く。） ハ　その事業年度においてその法人の経営状況が著しく悪化したことその他これに類する理由〔業績悪化改定事由〕（法基通9-2-13）によりされた定期給与の額の改定（その定期給与の額を減額した改定に限られ，イ及びロに掲げる改定を除く。） ③　継続的に供与される経済的利益（法基通9-2-9～10）のうち，その供与される利益の額が毎月おおむね一定であるもの （参考）　国税庁ＨＰ－質疑応答事例（法人税） ・定期給与の額を改定した場合の損金不算入額 ・役員の分掌変更に伴う増額改定 ・定期給与の増額改定に伴う一括支給額 ・役員に対する歩合給 ・法人が役員の子の授業料を一括して支出した場合 ・外貨で支払う役員報酬
事前確定届出給与（法法34①二）	その役員の職務につき所定の時期に確定した額の金銭又は確定した数の株式・新株予約権，確定した額の金銭債権に係る特定譲渡制限付株式・特定新株予約権を交付する旨の定め〔事前確定届出給与に関する定め〕に基づいて支給する給与で，定期同額給与及び利益連動給与のいずれにも該当しないもの（次に掲げる場合に該当する場合にはそれぞれ次に定める要件を満たすものに限る。） イ　その給与が定期給与を支給しない役員に対して支給する給与（同族会社に該当しない内国法人が支給する給与で金銭によるものに限る。）以外の給与（株式又は新株予約権による給与で，将来の役務の提供に

事前確定届出給与（法法34①二）	係るものを除く。）である場合 ➡ 納税地の所轄税務署長にその定めの内容に関する届出をしていること。 〔届出期限（原則）〕 原則として，次の(イ)又は(ロ)のうちいずれか早い日（新設法人がその役員のその設立の時に開始する職務についてその定めをした場合にはその設立の日以後2か月を経過する日） (イ) 株主総会等の決議によりその定めをした場合におけるその決議をした日（その決議をした日が職務の執行を開始する日後である場合にはその開始する日）から1か月を経過する日 (ロ) その会計期間開始の日から4か月を経過する日 ロ 株式を交付する場合 ➡ 当該株式が市場価格のある株式又は市場価格のある株式と交換される株式（当該内国法人又は関係法人が発行したものに限る。）〔適格株式〕であること。 ハ 新株予約権を交付する場合 ➡ 当該新株予約権がその行使により市場価格のある株式が交付される新株予約権（当該内国法人又は関係法人が発行したものに限る。）〔適格新株予約権〕であること。 （参考） 国税庁HP－質疑応答事例（法人税） ・「事前確定届出給与に関する届出書」を提出している法人が特定の役員に当該届出書の記載額と異なる支給をした場合の取扱い ・定めどおりに支給されたかどうかの判定 ・職務執行期間の中途で支給した事前確定届出給与
業績連動給与（法法34①三）	内国法人（同族会社にあっては，同族会社以外の法人との間にその法人による完全支配関係があるものに限る。）が業務執行役員に対して支給する業績連動給与（金銭以外の資産が交付されるものにあっては，適格株式又は適格新株予約権が交付されるものに限る。）で，一定の要件を満たすもの （備考）1 「業績連動給与」とは，次のいずれかに該当する給与をいう。 イ 利益の状況を示す指標，株式の市場価格の状況を示す指標その他の法人又はその法人との間に支配関係がある法人の業績を示す指標を基礎として算定される額又は数の金銭又は株式若しくは新株予約権による給与 ロ 特定譲渡制限付株式若しくは承継譲渡制限付株式又は特定新株予約権若しくは承継新株予約権による給与で無償で取得され，又は消滅する株式又は新株予約権の数が役務の提供期間以外の事由により変動する給与 2 いわゆる功績倍率法に基づいて支給する退職給与は，業績連動給与に該当しないので法人税法34条1項の規定は適用されない（法基通9－2－27の2）。 （注） 上記の功績倍率法とは，役員の退職の直前に支給した給与の額を基礎として，役員の法人の業務に従事した期間及び役員の職責に応じた倍率を乗ずる方法により支給する金額が算定される方法をいう。 3 青色申告書を提出する法人で特定投資運用業者に該当するものが，

業績連動給与（法法34①三）	その業務執行役員に対して特定業績連動給与を支給する場合には，上記「一定の要件」について特例措置が講じられている（措法66の11の２）。 （参考）国税庁ＨＰ－質疑応答事例（法人税） ・確定額を限度としている算定方法 ・算定方法の内容の開示 ・業績連動指標の数値が確定した日

② 過大な役員給与の損金不算入（法法34②，法令70）

法人がその役員に対して支給する給与の額のうち不相当に高額な部分の金額は，損金の額に算入しない。

③ 隠蔽仮装により支給する役員給与の損金不算入（法法34③）

法人が，事実を隠蔽し，又は仮装して経理をすることによりその役員に対して支給する給与の額は，その内国法人の各事業年度の所得の金額の計算上，損金の額に算入しない。

④ 譲渡制限付株式を対価とする費用の帰属事業年度の特例（法法54）

内国法人が個人から役務の提供を受ける場合において，当該役務の提供に係る費用の額につき特定譲渡制限付株式（承継譲渡制限付株式を含む。）が交付されたときは，給与等課税額が生ずることが確定した日において当該役務の提供を受けたものとして，法人税法の規定を適用する。

⑤ 新株予約権を対価とする費用の帰属事業年度の特例等（法法54の２）

内国法人が個人から役務の提供を受ける場合において，当該役務の提供に係る費用の額につき特定新株予約権（承継新株予約権を含む。）が交付されたときは，給与等課税事由が生じた日において当該役務の提供を受けたものとして，法人税法の規定を適用する。

（注）「退職給与で業績連動給与に該当しないもの」は，法人税法34条１項（役員給与の損金不算入）の対象から除外されるが，役員の将来の所定の期間における役務提供の対価として譲渡制限付株式等であって，その役務提供を受ける法人においてその期間の報酬費用として損金経理（退職給付引当金その他これに類するものの繰入れに係るものを除く。）が行われるようなものは所得税法上の退職手当等に該当するものであっても，「退職給与で業績連動給与に該当しないもの」には該当しないとされている（法基通9－2－27の2）。その趣旨については，国税庁「令和３年６月25日付課法２-21ほか１課共同「法人税基本通達等の一部改正について」（法令解釈通達）の趣旨説明」の該当条項を参照されたい。

（参考資料）

国税庁「役員給与に関するＱ＆Ａ」（平成20年12月）（平成24年4月改訂）

経済産業省産業組織課『「攻めの経営」を促す役員報酬～企業の持続的成長のためのインセンティブプラン導入の手引～（2023年３月時点版）』

信託協会「役員向け株式交付信託に関する税務上の取扱い」（令和４年１月）（信託協会HP収録）

(参考) インセンティブ報酬と損金算入の可否

報酬の種類	報酬の内容	交付資産	損金算入可否	
			平成29年度改正前	平成29年度改正後
在任時				
特定譲渡制限付株式	一定期間の譲渡制限が付された株式を役員に交付。	株式	可能	可能（①類型）
事後交付型リストリクテッド・ストック	予め交付株式数を定め，一定期間経過後にその株式を役員に交付。	株式	不可	可能（①類型）
株式交付信託	会社が金銭を信託に拠出し，信託が市場等から株式を取得。一定期間経過後に役員に株式を交付。	株式	不可	可能（①類型又は②類型）
ストックオプション（SO）	自社の株式を予め定められた権利行使価格で購入する権利（新株予約権）を付与。	新株予約権	可能	可能（①類型又は②類型）
パフォーマンス・シェア（PS）	中長期の業績目標の達成度合いに応じて，株式を役員に交付。	株式	不可	可能（②類型）
パフォーマンス・キャッシュ	中長期の業績目標の達成度合いに応じて，現金を役員に交付。	金銭	可能（単年度で利益連動の場合のみ。一定の手続が必要）	可能（②類型）
ファントム・ストック	株式を付与したと仮想して，株価相当の現金を役員に交付。	金銭	不可	可能（②類型）
ストック・アプリシエーション・ライト（SAR）	対象株式の市場価格が予め定められた価格を上回っている場合に，その差額部分の現金を役員に交付。	金銭	不可	可能（②類型）
退職時				
退職給与	退職時に給付する報酬	金銭・株式・新株予約権	可能	可能（業績連動の場合は②類型の要件を満たすことが必要）

（注） ①類型…一定の時期に確定した金額又は数を交付する役員報酬。原則として税務署への事前届出が必要（法法34①二）。
②類型…業績（利益，売上高，株価等）に連動した金銭，株式等を交付する役員報酬。報酬諮問委員会への諮問や有価証券報告書での開示等の手続が必要（法法34①三）。

（出典） 経済産業省産業組織課『「攻めの経営」を促す役員報酬～企業の持続的成長のためのインセンティブプラン導入の手引～（2023年３月時点版）』38頁。

2　役員の意義等

①　**役員**（法法2十五，法令7）	イ　法人の取締役，執行役，会計参与，監査役，理事，監事，清算人 ロ　使用人以外の者で経営に従事しているもの（相談役，顧問等） ハ　株式等の所有割合が50％を超えるときの同族グループに属する使用人（所有割合10％以下の保有グループに属する者及び所有割合５％以下の役員を除く。）で法人の経営に従事しているもの
②　**使用人兼務役員**	（原則）役員で，部長，課長，その他法人の使用人としての職制上の地位を有し，かつ，常時使用人としての職務に従事しているもの（法法34⑥） （例外）次の役員は，使用人兼務役員の範囲から除外される。 イ　社長，副社長，代表取締役，代表執行役，代表理事，清算人，専務，常務その他これらの者に準ずる役員 ロ　合名会社，合資会社及び合同会社の業務執行役員 ハ　取締役（委員会設置会社の取締役に限る。），会計参与，監査役及び監事 ニ　同族会社の特定役員

使用人兼務役員判定フローチャート（法令71）

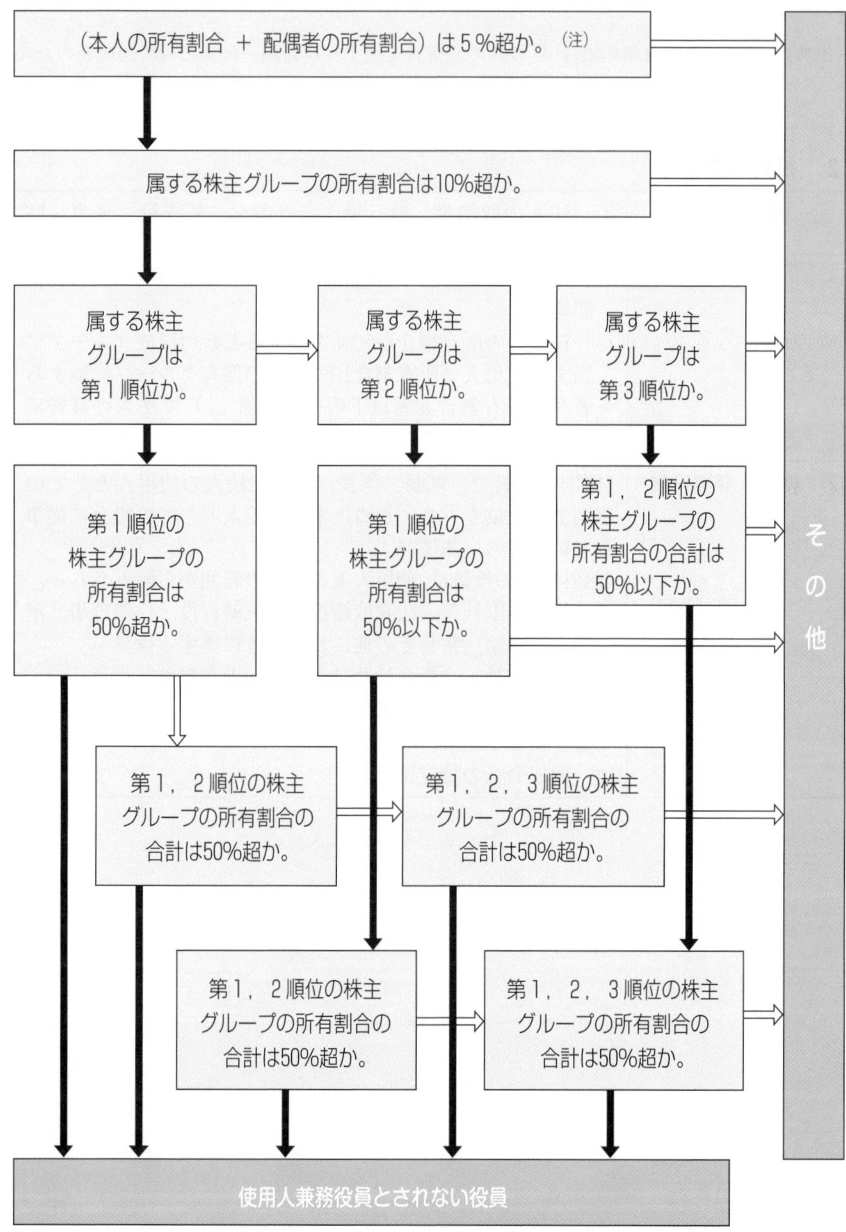

（注）５％超か否かの判定においては，その役員と配偶者の所有割合及びこれらの者が所有割合50％超を所有する他の同族会社の所有割合を含めて判定する。

3　役員退職金の損金算入時期

法人が役員に支給する退職金で適正な額のものは，損金の額に算入される。その損金算入時期は，原則として，株主総会の決議等によって退職金の額が具体的に確定した日の属する事業年度となる。ただし，法人が退職金を実際に支払った事業年度において，損金経理をした場合は，その支払った事業年度において損金の額に算入することも認められる（法基通9-2-28～29）。

（注）法人が退職年金制度を実施している場合に支給する退職年金は，その年金を支給すべき事業年度が損金算入時期となる。

4　過大な役員退職金の損金不算入

法人が退職した役員に対して支給した退職給与の額が，その役員のその内国法人の業務に従事した期間，退職の事情，同種の事業を営む法人でその事業規模が類似するものの役員に対する退職給与の支給の状況等に照らし，その退職した役員に対する退職給与として相当であると認められる金額を超える場合におけるその超える部分の金額は，損金の額に算入されない（法法34②，法令70二）。

5　使用人が役員に昇格した場合や分掌変更した場合の退職金

①　法人の使用人が役員に昇格した場合	退職給与規程に基づき，使用人であった期間の退職金として計算される金額を支給したときは，その支給した事業年度の損金の額に算入される。ただし，未払金に計上した場合には損金の額に算入されない（法基通9-2-36）。
②　使用人兼務役員が，副社長や専務取締役など使用人兼務役員とされない役員となった場合	使用人兼務役員であった期間の退職金として支給した金額は，たとえ使用人の職務に対する退職金として計算されているときであっても，その役員に対する退職金以外の給与となる。ただし，その支給が次のいずれにも該当するものについては，その支給した金額は使用人としての退職金として取り扱われる（法基通9-2-37）。 イ　過去において使用人から使用人兼務役員に昇格した者（使用人であった期間が相当の期間であるものに限る。）であり，その昇格をした時に使用人であった期間に係る退職金の支給をしていないこと。 ロ　支給した金額が使用人としての退職給与規程に基づき，使用人であった期間及び使用人兼務役員であった期間を通算して，その使用人としての職務に対する退職金として計算され，かつ，退職金として相当な金額であると認められること。
③　法人が退職給与規程を制定又は改正して，使用人から役員に昇格した人に退職金を支給することとした場合	その制定等の時に既に使用人から役員に昇格している人の全員に使用人であった期間の退職金をその制定の時に支給して損金の額に算入したときは，その支給が次のいずれにも該当するものについては，その損金の額に算入することが認められる（法基通9-2-38）。 イ　過去において，これらの人に使用人であった期間の退職金の支給をしていないこと。

	ロ　支給した退職金の額が，その役員が役員となった直前の給与の額を基礎として，その後のベースアップの状況等をしんしゃくして計算される退職金の額として相当な金額であること。
④　役員が分掌変更した場合の退職金	次のような分掌変更によって役員としての地位や職務の内容が激変して，実質的に退職したと同様の事情にある場合に退職金として支給したものは退職金として取り扱う。ただし，未払金に計上したものは，原則として退職金に含まれない（法基通9-2-32）。 イ　常勤役員が非常勤役員になったこと（実質的にその法人の経営上主要な地位にある場合は除く。） ロ　取締役が監査役になったこと（実質的にその法人の経営上主要な地位を占めている場合や，使用人兼務役員として認められない大株主である場合は除く。） ハ　分掌変更の後の役員の給与がおおむね50％以上減少したこ（分掌変更の後においても，その法人の経営上主要な地位を占めていると認められる場合は除く）。

6　使用人賞与の損金算入時期

法人が各事業年度において使用人に対して支給する賞与の損金算入時期は，次の賞与の区分に応じ，それぞれに定める事業年度の損金の額に算入する（法令72の３）。

区　　　分	損金算入時期
①　労働協約又は就業規則により定められる支給予定日が到来している賞与（使用人にその支給額の通知がされているもので，かつ，当該支給予定日又はその通知をした日の属する事業年度においてその支給額につき損金経理をしているものに限る。）	当該支給予定日又は当該通知をした日のいずれか遅い日の属する事業年度
②　次に掲げる要件の全てを満たす賞与 イ　その支給額を，各人別に，かつ，同時期に支給を受ける全ての使用人に対して通知をしていること（法基通9-2-43～44）。 ロ　上記イの通知をした金額を当該通知をした全ての使用人に対し当該通知をした日の属する事業年度終了の日の翌日から１か月以内に支払っていること。 ハ　その支給額につき上記イの通知をした日の属する事業年度において損金経理をしていること。	使用人にその支給額の通知をした日の属する事業年度
③　上記①及び②以外の賞与	その賞与が支払われた日の属する事業年度

（備考）決算賞与金の税務上の取扱いに関して，国税庁（金沢国税局）文書回答（平成27年２月26日）を参照のこと。

7　出向先法人が支出する給与負担金に係る役員給与の取扱い

法人の使用人が他の法人に出向した場合に，その出向者の給与を従来どおり出向元の法人が支給することとしているため，出向先の法人が自己の負担すべき給与（退職給与を除く。）に相当する金額を出向元の法人に給与負担金として支出したときは，出向先の法人のその出向者に対する給与として取り扱うこととされている（法基通9-2-45～46）。

①　出向者が出向先の法人において使用人である場合	その給与負担金の額は，原則として，出向先の法人における使用人に対する給与として，損金の額に算入される。
②　出向者が出向先の法人において役員となっている場合	その役員に係る給与負担金については，次のいずれにも該当する場合は，出向先の法人が支出するその役員に係る給与負担金の支出を出向先の法人におけるその役員に対する給与の支給として，法人税法34条（役員給与の損金不算入）の規定が適用される。 イ　その役員に係る給与負担金の額について，その役員に対する給与として出向先の法人の株主総会等の決議がされていること。 ロ　出向契約等においてその出向者に係る出向期間及び給与負担金の額があらかじめ定められていること。

8　出向者に対する給与の較差補塡金の取扱い

出向元の法人が出向先の法人との給与条件の較差を補塡するため出向者に対して支給した給与は，出向期間中であっても，出向者と出向元の法人との雇用契約が依然として維持されていることから，出向元の法人の損金の額に算入される。また，次のような場合も，給与較差補塡金として取り扱われる（法基通9-2-47）。

①　出向先の法人が経営不振等で出向者に賞与を支給することができないため，出向元の法人がその出向者に賞与を支給する場合

②　出向先の法人が海外にあるため，出向元の法人が留守宅手当を支給する場合

3　寄附金

法人が支出する寄附金の額は，次の区分に応じた金額が損金の額に算入される（法法37，措法66の4，66の11の2）。

◇「寄附金の額」とは，寄附金，拠出金，見舞金その他いずれの名義をもってするかを問わず，内国法人が金銭その他の資産又は経済的な利益の贈与又は無償の供与（広告宣伝及び見本品の費用その他これらに類する費用並びに交際費，接待費及び福利厚生費とされるべきものを除く。）をした場合におけるその金銭の額若しくは金銭以外の資産のその贈与の時における価額又は当該経済的な利益のその供与の時における価額によるものとする（法法37⑦）。

区　分	損　金　算　入　額
①　国・地方公共団体に対する寄附金	寄附金の額の全額
（参考）　国税庁ＨＰ－質疑応答事例（法人税）「地方公共団体に対して中古資産であるパソコンを寄附した場合(1)(2)」，国税庁「義援金に関する税務上の取扱いFAQ」（令和５年８月）	
②　指定寄附金	寄附金の額の全額
（昭和40．4．30大蔵省告示154号，昭和40．5．13日大蔵省告示159号，平成23．3．15（財務省告示84号），平成28．5．13（財務省告示158号），令和５．３．31（財務省告示96号））	
③　一般の寄附金	寄附金の額又は損金算入限度額のいずれか少ない金額
④　特定公益増進法人（法令77）及び認定特定非営利活動法人に対する寄附金（公益法人等が支出したものを除く。）	寄附金の額又は「一般の寄附金の損金算入限度額」とは別枠の「特別損金算入限度額」のいずれか少ない金額 （注）「特別損金算入限度額」を超える部分の金額は一般の寄附金の額に含めて損金算入限度額を計算する。
⑤　法人による完全支配関係がある内国法人に対する寄附金	零（全額損金不算入）
⑥　国外関連者に対する寄附金（措法66の4③）	

〔一般寄附金の損金算入限度額〕

法人類型	損金算入限度額
①　資本等のある法人	$\left\{\left(\text{期末の資本金・資本準備金の額}\times\frac{\text{当期の月数}}{12}\times\frac{2.5}{1{,}000}\right)+\left(\text{当期の所得の金額}\times\frac{2.5}{100}\right)\right\}\times\frac{1}{4}$
②　資本等のない法人	所得金額×1.25％
（注）非営利型の一般社団法人・一般財団法人等を含む。	
③　公益法人等	所得金額×20％　or　50％
（注）上記②の法人を除く。	

〔特定公益増進法人等に対する寄附金の特別損金算入限度額〕

法人類型	損金算入限度額
①　資本等のある法人	$\left\{\left(\text{期末の資本金・資本準備金の額}\times\frac{\text{当期の月数}}{12}\times\frac{3.75}{1{,}000}\right)+\left(\text{当期の所得の金額}\times\frac{6.25}{100}\right)\right\}\times\frac{1}{2}$
②　資本等のない法人	所得金額×6.25％
③　公益法人等	－

〔みなし寄附金〕

> 公益法人等（一般社団法人・一般財団法人を除く。）については，収益事業に属する資産のうちからその収益事業以外の事業（公益社団法人・公益財団法人にあっては，公益目的事業）のために支出した金額をその収益事業に係る寄附金の額とみなして，損金算入限度額の範囲内で損金算入を認めている（法法37⑤）。
>
> 適正な課税及び適正申告を行っている者との公平性の観点から，不正経理など隠蔽又は仮装して経理することにより，収益事業に係る収入を過少に申告するなどして非収益事業のためにした支出金額は，みなし寄附金制度の適用対象には含まれない。

再建支援等事案に係る検討項目及びその概要（法基通９－４－１，９－４－２関係）

検討項目及びその内容	
再建の場合	整理の場合

１．損失負担の必要性

(1)　事業関連性のある「子会社等」であるか
資本関係，取引関係，人的関係，資金関係等の事業関連性を有するか

(2)　子会社等は経営危機に陥っているか	
イ　債務超過等倒産の危機に瀕しているか	イ　整理損失は生じるか（実質債務超過か）
ロ　支援がなければ自力再建は不可能か	ロ　支援がなければ整理できないか

↓

(3)　支援者にとって損失負担等を行う相当な理由はあるか
再建又は整理することにより将来のより大きな損失の負担を回避等ができるか

２．再建計画等(支援内容)の合理性

↓

(1)　損失負担額（支援額）の合理性（要支援額は的確に算定されているか）
イ　損失負担額(支援額)は，再建又は整理するための必要最低限の金額となっているか
ロ　自己努力はなされているか

(2)　再建管理等の有無	
再建管理は行われるか	整理計画の管理は行われるか（長期の場合）

↓

(3)　支援者の範囲の相当性
イ　支援者の範囲は相当か
ロ　支援者以外の事業関連性を有する者が損失負担していない場合，合理的な理由はあるか

(4)　負担割合の合理性
事業関連性からみて負担割合は合理的に決定されているか

↓いずれにも該当する場合

寄附金に該当しない

（出典）国税庁HP

4　租税公課

1　損金算入されない租税公課

法人が納付する租税公課のうち，各事業年度の所得の金額の計算上，損金の額に算入されないものは，次のとおりである。

① 法人税・地方法人税（法法38①）
② 相続税法９条の４，66条又は66条の２の規定による贈与税及び相続税（法法38②一）
③ 道府県民税及び市町村民税（都民税を含む，退職年金等積立金に対する法人税に係るものを除く。）（法法38②二）
④ 法人が第二次納税義務者として，株主等である納税人の滞納に係る国税又は地方税を納付した場合の納付税額（法法39①）
⑤ 解散による残余財産の分配を受けた法人が，解散法人の国税又は地方税について第二次納税義務を負って納付した納付税額（配当益金不算入額を限度）（法法39②）
⑥ 外国子会社から受ける剰余金の配当等に額につき益金不算入とする場合における当該配当等の額に対して課される外国源泉税等の額（法法39の２）
⑦ 法人税額から控除する所得税額及び控除不足のために還付される所得税額（法法40）
⑧ 法人税額から控除する外国の法人税額（法法41）
⑨ 集団投資信託の収益の分配に係る所得税の額に係る分配時調整外国税相当額（法法69の２①の税額控除の適用を受ける場合）（法法41の２）

（注）設立登記のために支出した登録免許税，増資登記等についての登録免許税は，繰延資産として経理（法令14）

2　損金算入が認められる租税公課の損金算入時期（法基通9-5-1）

区　　分		損金算入時期
① 申告納税方式による租税		
	納税申告書に記載された税額	納税申告書の提出日の属する事業年度（注１）
	更正又は決定に係る税額	更正又は決定があった日の属する事業年度
② 賦課課税方式による租税		賦課決定のあった日の属する事業年度（注２）
③ 特別徴収方式による租税		
	納入申告書に係る税額	申告の日の属する事業年度（注３）
	更正又は決定による不足税額	更正又は決定があった日の属する事業年度
④ 利子税，道府県民税等に係る納期限の延長の場合の延滞金		
	納付した金額	納付の日の属する事業年度

	未納の金額（発生した事業年度において損金経理により未払金に計上する場合）	損金経理をした事業年度

（注１） 収入金額又は棚卸資産の評価額のうちに申告期限未到来の納付すべき酒税等に相当する金額が含まれている場合又は製造原価，工事原価その他これらに準ずる原価のうちに申告期限未到来の納付すべき事業に係る事業所税に相当する金額が含まれている場合において，法人が当該金額を損金経理により未払金に計上したときの当該金額については，当該損金経理をした事業年度とする。

（注２） 法人がその納付すべき税額について，その納期の開始の日（納期が分割して定められているものについては，それぞれの納期の開始の日とする。）の属する事業年度又は実際に納付した日の属する事業年度において損金経理をした場合には，その事業年度とする。

（注３） 申告期限未到来のものにつき収入金額のうち納入すべき金額が含まれている場合において，法人がその金額を損金経理により未払金に計上したときは，損金経理をした事業年度とする。

5　貸倒損失

①　金銭債権が切り捨てられた場合 （法基通９－６－１）	次に掲げるような事実に基づいて切り捨てられた金額は，（損金経理しているといないとにかかわらず，）その事実が生じた事業年度の損金の額に算入される。 イ　会社更生法，金融機関等の更生手続の特例等に関する法律，会社法，民事再生法の規定により切り捨てられた金額 ロ　法令の規定による整理手続によらない債権者集会の協議決定及び行政機関や金融機関などのあっせんによる協議で，合理的な基準によって切り捨てられた金額 ハ　債務者の債務超過の状態が相当期間継続し，その金銭債権の弁済を受けることができない場合に，その債務者に対して，書面で明らかにした債務免除額
②　金銭債権の全額が回収不能となった場合 （法基通９－６－２）	債務者の資産状況，支払能力等からその全額が回収できないことが明らかになった場合は，その明らかになった事業年度において貸倒れとして損金経理することができる。ただし担保物があるときは，その担保物を処分した後でなければ損金経理はできない。 （注）保証債務は現実に履行した後でなければ貸倒れの対象とすることはできない。
③　一定期間取引停止後弁済がない場合等 （法基通９－６－３）	次に掲げる事実が発生した場合には，その債務者に対する売掛債権（貸付金などは含まない。）について，その売掛債権の額から備忘価額を控除した残額を貸倒れとして損金経理をすることができる。 イ　継続的な取引を行っていた債務者の資産状況，支払能力等が悪化したため，その債務者との取引を停止した場合において，その取引停止の時と最後の弁済の時などのうち，

	最も遅い時から1年以上経過したとき（ただし，その売掛債権について担保物のある場合は除く。） （注）不動産取引のように，たまたま取引を行った債務者に対する売掛債権については，この取扱いの適用はない。 ロ　同一地域の債務者に対する売掛債権の総額が取立費用より少なく，支払を督促しても弁済がない場合

（参考）国税庁HP-質疑応答事例（貸倒損失関連）

1　第三者に対して債務免除を行った場合の貸倒れ（法基通9－6－1(4)関連）
2　担保物がある場合の貸倒れ（法基通9－6－2関連）
3　保証人がいる場合の貸倒れ（法基通9－6－2関連）
4　通信販売により生じた売掛債権の貸倒れ（法基通9－6－3関連）
5　更生手続中における貸倒損失（法基通9－6－1関連）
6　代理店契約の破棄を理由に支払拒絶を受けている債権（法基通9－6－3関連）

6　交際費等

1　交際費等の意義

交際費等とは，交際費，接待費，機密費その他の費用で，法人が，その得意先，仕入先その他事業に関係のある者等に対する接待，供応，慰安，贈答その他これらに類する行為〔＝接待等〕のために支出する費用をいう。ただし，次に掲げる費用は交際費等から除かれる（措法61の4⑥，措令37の5，措通61の4(1)−1，措通61の4(1)−10等）

〔交際費等から除外される費用〕

① 専ら従業員の慰安のために行われる運動会，演芸会，旅行等のために通常要する費用（措通61の4(1)-10）
② 飲食その他これに類する行為のために要する費用（専らその法人の役員・従業員又はこれらの親族に対する接待等のために支出するものを除く。）であって，その支出する金額を飲食等に参加した者の数で割って計算した金額が10,000円（令和6年4月1日前に支出する飲食費については，5,000円）以下である費用
（注）上記②の費用は，次の事項を記載した書類を保存している場合に限り適用される。
　イ　飲食等の年月日
　ロ　飲食等に参加した得意先，仕入先その他事業に関係のある者等の氏名又は名称及びその関係
　ハ　飲食等に参加した者の数
　ニ　その費用の金額並びに飲食店等の名称及び所在地（店舗がない等の理由で名称又は所在地が明らかでないときは，領収書等に記載された支払先の名称，住所等）
　ホ　その他飲食費であることを明らかにするための参考事項

③ その他の費用 イ　カレンダー，手帳，扇子，うちわ，手ぬぐいその他これらに類する物品を贈与するために通常要する費用（措通61の4(1)-9） ロ　会議に関連して，茶菓，弁当その他これらに類する飲食物を供与するために通常要する費用 ハ　新聞，雑誌等の出版物又は放送番組を編集するために行われる座談会その他記事の収集のために，又は放送のための取材に通常要する費用

2　損金不算入額の計算

交際費等の額は，原則として，その全額が損金不算入とされるが，平成26年4月1日から令和9年3月31日までの間に開始する各事業年度については，交際費等のうちの接待飲食費については50％相当額を超える部分の金額が損金不算入とされる（措法61の4①）。

◇「接待飲食費等」とは，飲食その他これに類する行為のために要する費用（専らその法人の役員・従業員又はこれらの親族に対する接待等のために支出するものを除く。）であって，その旨を帳簿書類に上記1②注イ～ホ（ハを除く。）の事項を記載し，明らかにされているものをいう。

（注）事業年度終了の日における資本金・出資金の額が100億円を超える法人については，接待飲食費の額の50％相当額の損金算入ができる特例は適用されない（令和2年4月1日以後開始事業年度から適用）。

（参考資料）

国税庁「接待交際費に関するFAQ」（平成26年4月）

3　中小法人等の損金不算入額

期末の資本金（出資金）の額が1億円以下（注）である法人（次に掲げる法人を除く。）の損金不算入額は，定額控除限度額（800万円×事業年度の月数／12）を超える部分の金額を損金不算入とする特例との選択適用とされる（措法61の4②）

イ　普通法人のうち当該適用年度終了の日において法人税法66条5項2号又は3号に掲げる法人に該当するもの

ロ　通算法人の当該適用年度終了の日において当該通算法人との間に通算完全支配関係がある他の通算法人のうちいずれかの法人が次に掲げる法人である場合における当該通算法人

(イ)　当該適用年度終了の日における資本金の額又は出資金の額が1億円を超える法人

(ロ)　上記イに掲げる法人

（注）資本金を有しない法人，公益法人等及び人格のない社団等については，次の算式によるみなす資本金による。

区　分	期末資本金とみなされる金額
①　資本又は出資を有しない法人	$\left\{ \text{期末総資産の帳簿価額} - \text{期末総負債の帳簿価額} - \left(\text{当期利益} \text{ 又は } \text{当期損失} \right) \right\} \times \frac{60}{100}$

<table>
<tr><td>② 公益法人等又は人格のない社団等で資本又は出資を有しないもの</td><td>上記①の金額× 分母のうち，収益事業に係る資産の価額（時価）／期末総資産価額（時価）</td></tr>
</table>

〔(通算法人以外の法人の) 中小法人等の判定〕

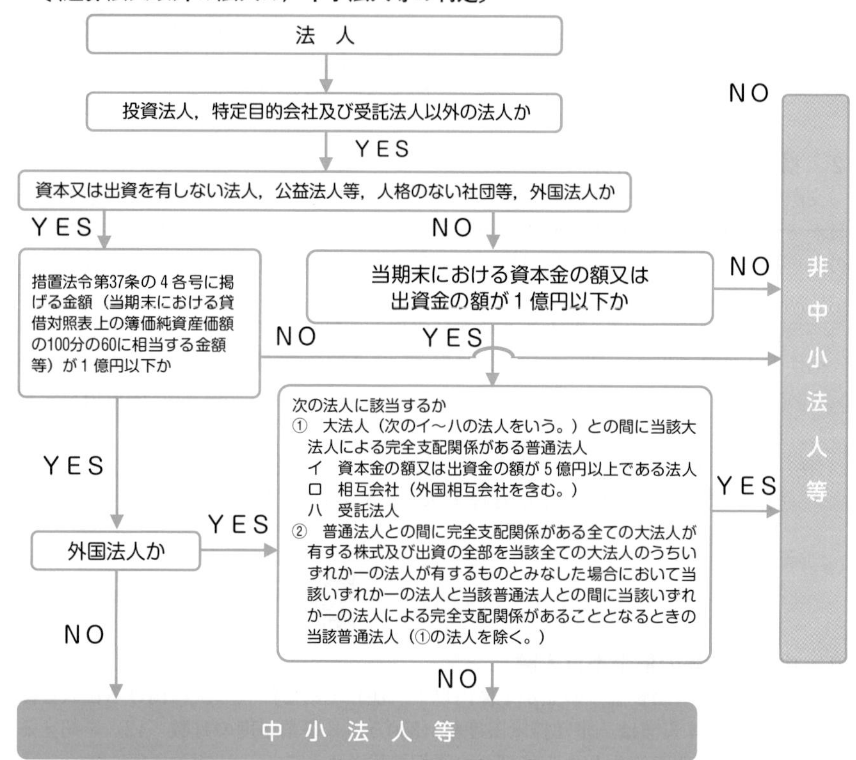

（注） 適用除外事業者の判定は必要ない。
（出典）国税庁資料

7　保険料等（法基通9-3-4～9-3-12等）

法人が自己を契約者として加入した保険契約に基づき支払う保険料等に関する税務上の取扱いは，次のとおりである。

（注） 定期保険及び第三分野保険に係る保険料の取扱いについては，令和元.６.28付課法２－13他２課共同「法人税基本通達等の一部改正について」（法令解釈通達）により，法基通９－３－４等の改正及び個別通達の廃止が行われ，令和１年７月８日以後の契約に係る定期保険又は第三分野保険の保険料については改正後の取扱いが適用される（解約返戻金相当額のない短期払の定期保険又は第三分野保険の保険料については，令和１年10月８日以後の契約に係るものについて改正後の取扱いが適用される。）。

これらの詳細については，国税庁「定期保険及び第三分野保険に係る保険料の取扱いに関するＦＡＱ」（令和元年７月）を参照されたい。

1　養老保険の場合

<table>
<tr><th colspan="2">保険金受取人</th><th rowspan="2">主契約保険料</th><th rowspan="2">特約保険料</th><th rowspan="2">契約者配当</th></tr>
<tr><th>死亡保険金</th><th>生存保険金</th></tr>
<tr><td colspan="2">法人</td><td>資産計上</td><td rowspan="3">損金算入（役員等のみを特約給付金の受取人とする場合は給与）</td><td>資産計上額から控除できる。</td></tr>
<tr><td rowspan="2">従業員の遺族</td><td>従業員</td><td>給与</td><td rowspan="2">益金算入</td></tr>
<tr><td>法人</td><td>1/2　資産計上
1/2　損金算入（役員等のみを被保険者とする場合は給与）</td></tr>
</table>

2　定期保険の場合及び第三分野保険の場合

<table>
<tr><th>死亡保険金の受取人</th><th>主契約保険料</th><th>特約保険料</th><th>契約者配当</th></tr>
<tr><td>法人</td><td>損金算入</td><td rowspan="2">損金算入（役員等のみを特約給付金の受取人とする場合は給与）</td><td rowspan="2">益金算入</td></tr>
<tr><td>従業員の遺族</td><td>損金算入（役員等のみを被保険者とする場合は給与）</td></tr>
</table>

（注）　解約返戻金相当額のない短期払の定期保険又は第三分野保険に加入した場合において，一の被保険者につき当該事業年度に支払った保険料の額が30万円以下であるものについて，その支払った日の属する事業年度に損金算入しているときは，その処理が認められる（法基通９－３－５（注）２）〔令和１年10月８日以後契約分について適用〕。

3　定期保険等の保険料に相当多額の前払部分の保険料が含まれる場合

法人が，自己を契約者とし，役員又は使用人（これらの者の親族を含む。）を被保険者とする保険期間が３年以上の定期保険又は第三分野保険〔定期保険等〕で最高解約返戻率が50％を超えるものに加入して，その保険料を支払った場合には，「最高解約返戻率」（その保険の保険期間を通じて解約返戻率が最も高い割合となる期間におけるその割合をいう。）の区分に応じて，資産計上・取崩しを行う。

（注）１　この取扱いは，令和１年７月８日以後の契約に係る定期保険又は第三分野保険の保険料について適用され，同日前の契約に係る保険料については，旧個別通達（「がん保険」通達，医療保険通達，介護費用保険通達，長期平準定期保険等通達，新成人病保険通達等）の例による。

２　最高解約返戻率が70％以下で，かつ，年換算保険料相当額（一の被保険者につき２以上の定期保険等に加入している場合にはそれぞれの年換算保険料相当額の合計額）が30万円以下の保険に係る保険料を支払った場合については，上記**2**の例（法基通９－３－５）による。

３　法基通９－３－５の２（定期保険等の保険料に相当多額の前払部分の保険料が含まれる場合の取扱い）の逐条解説については，国税庁「令和元年６月28日付課法２-13ほか

2課共同「法人税基本通達等の一部改正について」（法令解釈通達）（定期保険及び第三分野保険に係る保険料の取扱い）の「趣旨説明」の該当条項を参照されたい。

<table>
<tr><th>区分</th><th>資産計上期間</th><th>資産計上額</th><th>取崩期間</th></tr>
<tr><td>最高解約返戻率50％超70％以下</td><td rowspan="2">保険期間の開始の日から，当該保険期間の100分の40相当期間を経過する日まで</td><td>当期分支払保険料の額に100分の40を乗じて計算した金額</td><td rowspan="2">保険期間の100分の75相当期間経過後から，保険期間の終了の日まで</td></tr>
<tr><td>最高解約返戻率70％超85％以下</td><td>当期分支払保険料の額に100分の60を乗じて計算した金額</td></tr>
<tr><td>最高解約返戻率85％超</td><td>保険期間の開始の日から，最高解約返戻率となる期間（当該期間経過後の各期間において，その期間における解約返戻金相当額からその直前の期間における解約返戻金相当額を控除した金額を年換算保険料相当額で除した割合が100分の70を超える期間がある場合には，その超えることとなる期間）の終了の日まで
（注）　上記の資産計上期間が５年未満となる場合には，保険期間の開始の日から，５年を経過する日まで（保険期間が10年未満の場合には，保険期間の開始の日から，当該保険期間の100分の50相当期間を経過する日まで）とする。</td><td>当期分支払保険料の額に最高解約返戻率の100分の70（保険期間の開始の日から，10年を経過する日までは，100分の90）を乗じて計算した金額</td><td>解約返戻金相当額が最も高い金額となる期間（資産計上期間がこの表の資産計上期間の欄に掲げる（注）に該当する場合には，当該（注）による資産計上期間）経過後から，保険期間の終了の日まで</td></tr>
</table>

（備考）　所得税基本通達36－37（保険契約等に関する権利の評価）の見直し（令和３年６月25日付「「所得税基本通達の制定について」の一部改正について」（課個３－９他３課共同））※下線は著者

１　見通しの背景

所得税法上，使用者が，役員又は使用人に対して，生命保険契約若しくは損害保険契約又はこれらに類する共済契約（以下「保険契約等」という。）に関する権利を支給した場合には，支給時において保険契約等を解約した場合に支払われることとなる解約返戻金の額（解約返戻金のほかに支払われることとなる前納保険料の金額，剰余金の分配額等がある場合には，これらの金額との合計額。以下「支給時解約返戻金の額」という。）で評価すると取り扱っている。他方で，「低解約返戻金型保険」や「復旧することのできる払済保険」など解約返戻金の額が著しく低いと認められる期間〔低解約返戻期間〕のある保険契約等については，第三者との通常の取引において低い解約返戻金の額で名義変更等を行うことは想定されないことから，支給時解約返戻金の額で評価することは適当でない。

２　見通しの概要

法人税基本通達では，保険契約等に関する権利について，支払保険料の一部を前払保険料として資産に計上する取扱いが定められている。

このような法人税基本通達の取扱いを踏まえ，使用者が低解約返戻期間内に保険契約上の地位（権利）を役員等に支給した場合には,次の金額で評価することとする。

(1) 支給時解約返戻金の額が支給時資産計上額の70％に相当する金額未満である保険契約等に関する権利を支給した場合には，支給時資産計上額により評価する。

(2) 復旧することのできる払済保険その他これに類する保険契約等に関する権利を支給した場合には，支給時資産計上額に法人税基本通達９－３－７の２の取扱いにより使用者が損金に算入した金額を加算した金額により評価する。

（注１）「支給時資産計上額」とは，使用者が支払った保険料の額のうち当該保険契約等に関する権利の支給時の直前において前払保険料として法人税基本通達の取扱いにより資産に計上すべき金額をいい，預け金などで処理した前納保険料の金額，未収の剰余金の分配額等がある場合には，これらの金額を加算した金額をいう。

（注２）今回の見直しの対象は，法人税基本通達９－３－５の２の適用を受ける保険契約等に関する権利としている。したがって，法人税基本通達９－３－６その他法人税基本通達の取扱いにより法人税基本通達９－３－５の２の取扱いを適用するとされている保険契約等は上記の取扱いの対象となるが，法人税基本通達９－３－４(1)と９－３－５の２の取扱いの選択適用が認められている組込型保険については，使用者が継続して法人税基本通達９－３－４(1)の取扱いにより支払保険料を処理している場合には，支給時解約返戻金の額で評価することとなる。

３ 適用時期

改正後の所得税基本通達の取扱いは，令和３年７月１日以後に行う保険契約等に関する権利の支給について適用する。

（備考） 上記の見直しの詳細は，国税庁「保険契約等に関する権利の評価に関する所得税基本通達の解説」を参照されたい。

４ 長期の損害保険契約の取扱い

保険の対象物	保険契約者	被保険者	取扱い	
			積立保険料以外の部分	積立保険料相当部分
法人所有の建築物	法人		期間の経過に応じて損金算入 ただし，短期前払費用の取扱い（法基通２－２－14）が認められる。	保険積立金等として資産計上
賃借建物等（役員又は使用人から賃借しているものでその役員又は使用人に使用させているものを除く。）	法人	建物等の所有者	期間の経過に応じて損金算入 ただし，短期前払費用の取扱い（法基通２－２－14）が認められる。	保険積立金等として資産計上
	建物等の所有者		建物等の賃借料	
役員又は使用人の所有する建物等（役員又は使用人から賃借しているものでその役員又は使用人に使用させているものを含む。）	法人	役員又は使用人	役員又は使用人に対する給与。ただし，所得税法上経済的利益として課税されないものについて，法人が給与として経理しない場合には，給与として取り扱わない。	保険積立金等として資産計上
	役員又は使用人		役員又は使用人に対する給与	

（注）１ 「長期の損害保険契約」とは，保険期間が３年以上で，かつ，保険期間満了時に満期返戻金を支払う旨の定めのある損害保険契約をいう。

２ 積立保険料相当部分とその他の部分との区分は，保険料払込案内書，保険証券添付書類等により区分されているところによる（法基通９－３－９（注））。

8　確定給付企業年金等の掛金等

退職した従業員を受給者として年金給付を行うため，事業主が支出した次に掲げる掛金の額は，課税所得の計算上，損金の額に算入される（法令135）。

① 独立行政法人勤労者退職金共済機構又は特定退職金共済団体（所令74⑤）が行う退職金共済制度に係る掛金

② 確定給付企業年金法に規定する確定給付企業年金に係る規約に基づいて支出した掛金

③ 確定拠出年金法に規定する企業型年金規約に基づいて企業型年金加入者のために支出した事業主掛金

④ 確定拠出年金法に規定する個人型年金規約に基づいて個人型年金加入者のために支出した同項の掛金

⑤ 勤労者財産形成促進法に規定する勤労者財産形成給付金契約又は第１種勤労者財産形成基金契約に基づいて信託の受益者等のために支出した信託金等

（注） 従業員については，事業主が掛金を支出した時点では給与として課税されない（所令64）。

（参考１）確定給付企業年金と確定拠出企業年金の概要

		確定給付企業年金（ＤＢ）	確定拠出年金（ＤＣ）	
拠出	掛　金	事業主拠出（加入者も事業主掛金を超えない範囲で拠出可能） ※拠出限度額なし（ただし，加入者掛金の非課税枠は年間４万円まで）	【企業型】 事業主拠出（加入者も事業主掛金を超えない範囲で拠出可能） ※拠出限度額あり	【個人型(iDeCo)】 加入者拠出（中小企業については事業主も拠出可能） ※拠出限度額あり
拠出	加入可能要件	厚生年金被保険者	厚生年金被保険者	国民年金被保険者
給付	支給開始時期の設定 受給開始時期の選択	60歳～70歳の規約で定める年齢到達時又は50歳以上の退職時（規約に定めがある場合） ※規約で定めるところにより繰下げを申し出ることができる	60歳～75歳の請求時 ※60歳未満の加入等の期間が10年に満たない場合は，その期間に応じた年齢以降で請求が可能	
給付	年齢到達前の中途引出	制限なし ※規約において，３年を超える加入者期間を中途引出しの要件として定めてはならない	原則不可 ※資産額が少額であること等の要件を満たす場合は可能	
給付	受給の形態	年金か一時金かを受給権者が選択可能（年金の場合の期間等は労使が選択）	年金か一時金かを受給権者が選択可能（年金の場合の期間等は受給権者が選択）	

（出典） 厚生労働省資料を基に作成。

（参考２）主な私的年金制度，非課税貯蓄・投資制度の概要（財務省資料）

（参考３）確定拠出年金の拠出限度額（厚生労働省資料）

9　同業者団体等の加入金と会費

法人が同業者団体等（社交団体を除く。）に対して支出した加入金及び会費の取扱いについては，次のとおりである（法基通８－１－11，８－２－３，９－７－15の３）。

区分	内容	取扱い
加入金	①　構成員としての地位を他に譲渡することができることとなっているもの及び出資の性質を有するもの	資産計上
	②　上記①以外のもの	繰延資産（償却期間：５年） （注）　支出金額が20万円未満の場合には損金経理により全額損金算入可。
会費	①　通常会費（同業者団体等がその構成員のために行う広報活動，調査研究，研修指導，福利厚生その他同業者団体としての通常の業務運営のために経常的に要する費用の分担額として支出する会費という。）	支出した事業年度の損金算入。 （注）　同業者団体等において，通常会費について不相当に多額の剰余金が生じていると認められる場合には，その剰余金が生じた時以後に支出する通常会費については，その剰余金の額が適正な額になるまでは，前払費用として処理。
	②　その他の会費（同業者団体等が会館の取得，会員相互の共済，会員相互の懇親，政治献金などの目的のために支出する会費をいう。）	前払費用とし，同業者団体等がこれらの支出をした日にその費途に応じて構成員である当該法人がその支出をしたものとして処理。

10　不正行為等に係る費用等

⑴　内国法人が，隠蔽仮装行為により法人税その他租税の負担を減少させ，又は減少させようとする場合には，その隠蔽仮装行為に要する費用の額又は生ずる損失の額は，その内国法人の各事業年度の所得の金額の計算上，損金の額に算入しない（法法55①②）。

⑵　隠蔽仮装行為に基づき確定申告書（その申告に係る法人税についての調査があったことによりその法人税について決定があるべきことを予知して提出された期限後申告書を除く。）を提出しており，又は確定申告書を提出していなかった場合には，これらの確定申告書に係る事業年度の原価の額（資産の取得に直接に要した一定の額を除く。），費用の額及び損失の額は，その法人が法人税法の規定により保存する帳簿書類によりその原価の額，費用の額又は損失の額の基因となる取引が行われたこと及びこれらの額が明らかである場合等の一定の場合に該当するその原価の額，費用の額又は損失の額を除き，その法人の各事業年度の所得の金額の計算上，損金の額に算入しない（法法55③，法基通９－５－８～11）。

（注）令和５年１月１日以後に開始する事業年度について適用。

第5編　欠損金

1　青色申告事業年度の欠損金

制度の概要

確定申告書を提出する法人の各事業年度開始の日前10年以内に開始した事業年度において生じた欠損金額（前事業年度以前にすでに損金算入したもの及び欠損繰戻しにより還付を受けるべき金額の基礎となったものを除く。）がある場合には，その欠損金額に相当する金額は，本文の規定かつ，法人税法59条3項及び4項（会社更生等による債務免除等があった場合の欠損金の損金算入）並びに同法62条の5第5項（現物分配による資産の譲渡）の規定の適用前の当該各事業年度の所得の金額の50%相当額の範囲内で，当該各事業年度の所得の金額の計算上損金に算入する（法法57①，平成27年改正法附則27，30）。

(1)　過去の欠損金額（後述の災害による繰越損失金額を含む。）のうち，最も古い事業年度の欠損金額から順次，損金算入する。

(2)　災害による繰越損失金がある場合には，まず災害損失金の控除をし，しかる後に，繰越欠損金の控除を行う。

(3)　平成20年4月1日以後に終了した事業年度において生じた欠損金の繰越期間について7年から9年に延長され，また，平成30年4月1日以後に開始する事業年度において生ずる欠損金の繰越期間について10年に延長されている。

(4)　欠損金の繰越控除制度における控除限度割合は段階的な引下げ措置が講じられている。

事業年度開始日	控除限度割合
平成27年4月1日前	80%
平成27年4月1日～平成28年3月31日	65%
平成28年4月1日～平成29年3月31日	60%
平成29年4月1日～平成30年3月31日	55%
平成30年4月1日～	50%

(5)　次に掲げる法人の区分に応じた事業年度に係る控除限度割合（本則：所得の金額の50%相当額等）については，所得の金額（100%）とされている（法法57⑪，法令113の2）。

区　　分	事業年度
①　各事業年度終了の時において中小法人等に該当する法人	該当する各事業年度
②　法人について生じた次に掲げる事実の区分に応じそれぞれ次に定める事業年度である場合における当該内国法人（当該各事業年度終	※　その事実が生じた日以後にその内国法人の発行する株式が金融商品取引所に上場されたことその他の当該内国法人の事業の再生が図

制度の概要	了の時において中小法人等に該当するものを除く。)	られたと認められる事由として政令で定める事由（法令113の2①）のいずれかが生じた場合には，その上場された日その他の当該事由が生じた日のうち最も早い日以後に終了する事業年度を除く。
	イ　更生手続開始の決定があったこと	その更生手続開始の決定の日から更生計画認可の決定の日以後7年を経過する日までの期間内の日の属する事業年度
	ロ　再生手続開始の決定があったこと	その再生手続開始の決定の日から再生計画認可の決定の日以後7年を経過する日までの期間内の日の属する事業年度
	ハ　再生手続開始の決定があったことに準ずる事実（法法59②参照。上記ロに掲げるものを除く。)	その事実が生じた日から同日の翌日以後7年を経過する日までの期間内の日の属する事業年度
	ニ　上記イからハまでに掲げる事実に準ずる事実（法令113の2④)	その事実が生じた日から同日の翌日以後7年を経過する日までの期間内の日の属する事業年度
	③　法人の設立の日から同日以後7年を経過する日までの期間内の日の属する事業年度である場合における当該内国法人（普通法人に限り，当該各事業年度終了の時において中小法人等又は法人税法66条5項2号若しくは3号に掲げる法人に該当するもの及び株式移転完全親法人を除く。)	該当する各事業年度 ※　その法人の発行する株式が金融商品取引所に上場されたことその他の政令で定める事由（法令113の2⑦）のいずれかが生じた場合には，その上場された日その他の当該事由が生じた日のうち最も早い日以後に終了する事業年度を除く。
適用要件	欠損金額の生じた事業年度について青色申告書である確定申告書を提出し，かつ，その後において連続して確定申告書（青色申告でなくてもよい。）を提出している場合であって欠損金額の生じた事業年度に係る帳簿書類を保存している場合に限る（法法57⑩）。	

2　災害による繰越損失金

	確定申告書を提出する法人の，各事業年度開始の日前10年以内に開始した事業年度において生じた欠損金額のうち，災害により棚卸資産，固定資産等につき生じた損失の金額がある場合には，本文の規定かつ，法人税法59条3項及び4項（会社更生等による債務免除等があった場合の欠損金の損金算入）並びに

同法62条の５第５項（現物分配による資産の譲渡）の規定の適用前の当該各事業年度の所得の金額の50％相当額の範囲内で損金に算入する（法法58①，平成27年改正法附則27，30）。

(1)　平成20年４月１日以後に終了した事業年度において生じた欠損金の繰越期間について７年から９年に延長され，また，平成30年４月１日以後に開始する事業年度において生ずる欠損金の繰越期間について10年に延長されている。

(2)　欠損金の繰越控除制度における控除限度割合は段階的な引下げ措置が講じられている。

事業年度開始日	控除限度割合
平成27年４月１日前	80％
平成27年４月１日～平成28年３月31日	65％
平成28年４月１日～平成29年３月31日	60％
平成29年４月１日～平成30年３月31日	55％
平成30年４月１日～	50％

(3)　次に掲げる法人の区分に応じた事業年度に係る控除限度割合（本則：所得の金額の50％相当額等）については，所得の金額（100％）とされている（法法57⑪，法令113の２）。

区　　分	事業年度
①　各事業年度終了の時において中小法人等に該当する法人	該当する各事業年度
②　法人について生じた次に掲げる事実の区分に応じそれぞれ次に定める事業年度である場合における当該内国法人（当該各事業年度終了の時において中小法人等に該当するものを除く。）	※　その事実が生じた日以後にその内国法人の発行する株式が金融商品取引所に上場されたことその他の当該内国法人の事業の再生が図られたと認められる事由として政令で定める事由（法令113の２①）のいずれかが生じた場合には，その上場された日その他の当該事由が生じた日のうち最も早い日以後に終了する事業年度を除く。
イ　更生手続開始の決定があったこと	その更生手続開始の決定の日から更生計画認可の決定の日以後７年を経過する日までの期間内の日の属する事業年度
ロ　再生手続開始の決定があったこと	その再生手続開始の決定の日から再生計画認可の決定の日以後７年を経過する日までの期間内の日の属する事業年度

制度の概要	ハ　再生手続開始の決定があったことに準ずる事実（法法59②参照。上記ロに掲げるものを除く。）	その事実が生じた日から同日の翌日以後7年を経過する日までの期間内の日の属する事業年度
	ニ　上記イからハまでに掲げる事実に準ずる事実（法令113の2④）	その事実が生じた日から同日の翌日以後7年を経過する日までの期間内の日の属する事業年度
	③　法人の設立の日から同日以後7年を経過する日までの期間内の日の属する事業年度である場合における当該内国法人（普通法人に限り，当該各事業年度終了の時において中小法人等又は法人税法66条5項2号若しくは3号に掲げる法人に該当するもの及び株式移転完全親法人を除く。）	該当する各事業年度 ※　その法人の発行する株式が金融商品取引所に上場されたことその他の政令で定める事由（法令113の2⑦）のいずれかが生じた場合には，その上場された日その他の当該事由が生じた日のうち最も早い日以後に終了する事業年度を除く。
適用要件	欠損金額の生じた事業年度の確定申告書（青色申告でなくてもよい。），修正申告書又は更正請求書に災害損失金額の計算に関する明細を記載した書類の添付がない場合には，その事業年度の災害損失金額はないものとしてこの規定を適用する。（法法58③）。	

3　会社更生等による債務免除等があった場合の欠損金

制度の概要	(1)　内国法人について更生手続開始の決定があった場合において，その内国法人が次に掲げる場合に該当するときは，その該当することとなった日の属する事業年度前の各事業年度において生じた欠損金額に相当する金額（法令116の2）のうち次に定める金額の合計額に達するまでの金額は，損金に算入する（法法59①）。 ①　その内国法人に対し一定の債権を有する者から当該債権につき債務の免除を受けた場合（債務の免除以外の事由により債務が消滅した場合でその消滅した債務に係る利益の額が生ずるときを含む。）……その債務の免除を受けた金額 ②　その内国法人の役員等（役員若しくは株主等である者又はこれらであった者をいう。）から金銭その他の資産の贈与を受けた場合……その贈与を受けた金銭その他の資産の価額 ③　法人税法25条2項（会社更生法又は金融機関等の更生手続の特例等に関する法律の規定に従って行う評価換えに係る部分に限定）に規定する資産の評価換えをした場合……評価換えにより益金の額に算入される金額（法人税法33条3項（資産の評価損の損金不算入等）の規定により損金の額に算入される金額がある場合には，当該益金の額に算入される金額から当該損金の額に算入される金額を控除した金額）

制度の概要

(2) 内国法人について再生手続開始の決定があったことその他これに準ずる事実（法令24の2）が生じた場合において，その内国法人が上記(1)の①②③と同様の場合に該当するときは，その該当することとなった事業年度前の各事業年度において生じた欠損金額に相当する金額のうち債務免除額等の合計額に達するまでの金額は，損金に算入する（法法59②）。

(注) 1 民事再生等における評価益の益金算入（法法25③）又は評価損の損金算入（法法33④）の適用を受ける場合には青色欠損金（法法57）及び災害損失欠損金（法法58）を控除しないで繰越欠損金を損金の額に算入するが（いわゆる「期限切れ欠損金」の優先控除），これらの規定の適用を受けない場合には，「期限切れ欠損金」の控除に優先して，「青色欠損金」及び「災害損失欠損金」を損金の額に算入する。

2 上記の特例措置は，東日本大震災によって被害を受けたことにより過大な債務を負っている次に掲げる法人について，再生計画認可の決定があったことに準ずる事実（震災特例法令17①）が生じた場合についても適用される（震災特例法17①）。

イ 株式会社東日本大震災事業者再生支援機構法19条4項に規定する支援決定の対象となった法人

ロ 株式会社東日本大震災事業者再生支援機構法59条1項に規定する産業復興機構の組合財産である債権の債務者である法人

(3) 内国法人が解散した場合において，残余財産がないと見込まれるときは，その清算中に終了する事業年度前の各事業年度において生じた欠損金額に相当する金額は，青色欠損金額及び災害損失欠損金額を控除した後の所得の金額を限度として，損金の額に算入する（法法59④，法令118）。

(注) 1 「残余財産がないと見込まれる」かどうかの判定は，法人の清算中に終了する各事業年度終了の時の現況による（法基通12-3-7）。

2 解散した法人が当該事業年度終了の時において債務超過の状態にあるときは，「残余財産がないと見込まれるとき」に該当するものとされ（法基通12-3-8），また，この債務超過の状態であるかどうかは，一般的には実態貸借対照表(法人の有する資産・負債の価額(時価ベース）で作成された貸借対照表）により確認できる（法基通12-3-9）。

適用要件

(1) 確定申告書，修正申告書又は更正請求書に欠損金額に相当する金額の損金算入に関する明細を記載した書類及びその事実を証する書類の添付がある場合に限る（法法59⑥）。

(2) (1)の明細及び書類の添付がない申告書を提出した場合でも，税務署長がその記載しなかったことについてやむを得ない事情があると認めるときは適用することができる（法法59⑦）。

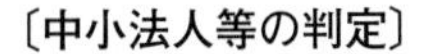
〔中小法人等の判定〕

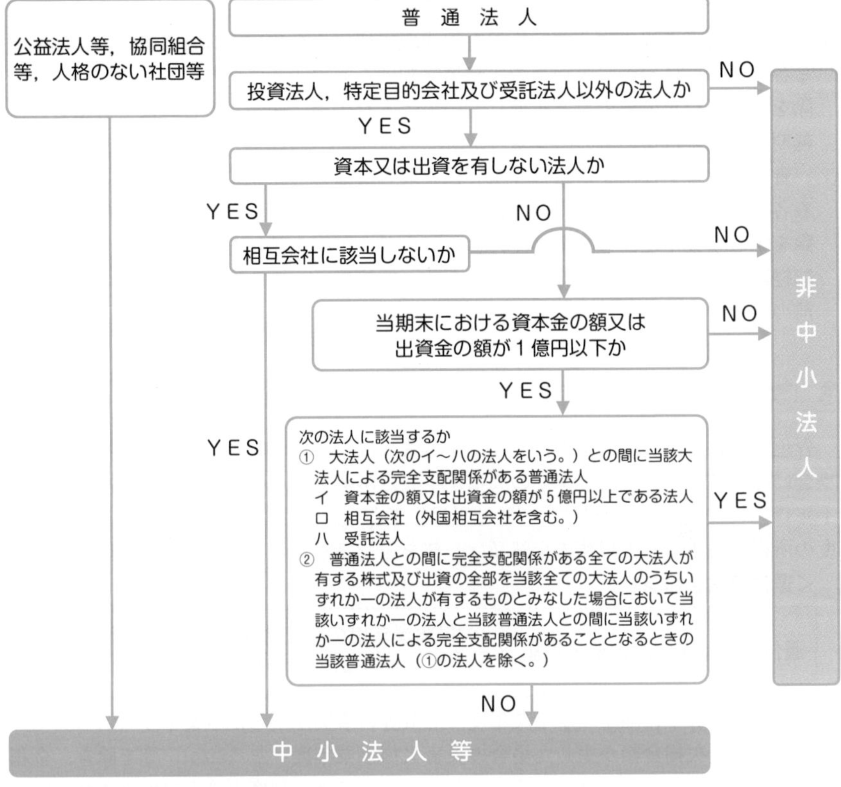

（注）　適用除外事業者の判定は必要ない。
（出典）　国税庁資料

4　認定事業適応法人の損金算入の特例

青色申告書を提出する法人で産業競争力強化法等の一部を改正する等の法律の施行の日（令和３年８月２日）から同日以後１年を経過する日までの間に産業競争力強化法の認定を受けたもののうちその認定に係る認定事業適応事業者であるものの適用事業年度（その認定に係る認定事業適応計画に記載された実施時期内の日を含む各事業年度であって，一定の要件を満たす事業年度に限る。）において欠損金の繰越控除制度（法法57①）を適用する場合において，特例欠損事業年度において生じた欠損金額があるときは，超過控除対象額に相当する金額を欠損金の繰越控除制度において損金算入することができる金額に加算する（旧措法66の11の４）。

5　銀行等保有株式取得機構の欠損金の損金算入の特例（令和４年度改正）

(1)　青色申告書を提出する銀行等保有株式取得機構の令和14年３月31日以前に開始する各事業年度において欠損金の繰越控除制度を適用する場合において，その繰越控除をする事業年度前の事業年度において生じた欠損金額があるときは，欠損金の繰越期間の制限はないものとする（措法66の11の４①）。

(2)　青色申告書を提出する銀行等保有株式取得機構の令和18年３月31日以前に開始する各事業年度において欠損金の繰越控除制度を適用する場合において，その繰越控除をする事業年度前の事業年度において生じた欠損金額があるときは，欠損金の繰越控除制度における損金算入限度額をその繰越控除をする事業年度のその繰越控除前の所得の金額とする（措法66の11の４②）。

6　欠損金の繰戻しによる還付

青色申告書である確定申告書を提出する法人は，各事業年度において欠損が生じた場合において，その欠損金をその欠損が生じた事業年度〔欠損事業年度〕開始の日前１年以内に開始した事業年度〔還付所得事業年度〕の所得に繰り戻し，その事業年度の所得に対する法人税額の全部又は一部を還付請求することができる（法法80）。

＜還付請求金額＞

還付所得事業年度の法人税額 × 欠損事業年度の欠損金額（分母の金額を限度）／還付所得事業年度の所得金額

ただし，清算中に終了する事業年度，解散等の事実が生じた事業年度（法法80④）及び災害損失欠損金額が生じた場合の災害欠損事業年度（法法80⑤）等を除き，令和８年３月31日までの間に終了する事業年度については，制度の適用が停止されている（措法66の12）。なお，一定の中小法人等〔判定表➡ p.51参照〕については，上記の不適用措置の対象から除外され，還付請求をすることができる。

第6編　借地権の設定等に伴う所得の計算

法人が借地権（地上権又は土地の賃借権をいう。以下同じ。）若しくは地役権の設定により土地を使用させ，又は借地権の転貸その他他人に借地権に係る土地を使用させる場合に，その使用の対価として通常権利金その他の一時金を収受する取引上の慣行がある場合においても，その権利金の収受に代え，その土地又は借地権の価額に照らしその使用の対価として相当の地代を収受しているときは，当該土地の使用に係る取引は正常な取引条件でされたものとして，各事業年度の所得の金額を計算するものとされている（権利金の認定課税は行われない）（法令137）。

借地権の課税関係の概要は，次のとおりである。

権利金		地代の収受	無償返還の届出	税務上の取扱い	相当の地代の改訂	借地権価額の有無
通常権利金を授受すべき場合	通常の権利金を授受	通常地代	–	是認	（通常地代）	有
	通常の権利金に満たない権利金を授受	相当の地代なし	–	権利金認定（13-1-3）	（通常地代）	有
		相当の地代あり	–	是認（13-1-2）	改訂する（13-1-8(1)）	有（権利金見合のみ）（13-1-15）
					改訂しない（13-1-8(2)）	有（13-1-15）
	権利金の授受なし	相当の地代なし	無	権利金認定（13-1-3）	（通常地代）	有
			有（13-1-7）	相当の地代認定（13-1-7）	改訂する（強制）（13-1-7）	無（13-1-14）
		相当の地代あり		是認（13-1-2）		
			無		改訂する（13-1-8(1)）	無（13-1-15）
					改訂しない（13-1-8(2)）	有（13-1-15）
その他	権利金なし（一時使用等）	通常地代	–	是認（13-1-5）	（通常地代）	無（13-1-14）

（注）表中の（　）内は法人税基本通達の規定番号

第７編　棚卸資産

1　棚卸資産の範囲

有価証券及び短期売買商品等を除く資産で棚卸しをすべきものをいう（法法２二十，法令10）。

①　商品又は製品（副産物及び作業くずを含む。）
②　半製品又は仕掛品（半成工事を含む。）
③　主要原材料又は補助原材料
④　消耗品で貯蔵中のもの
⑤　①から④に掲げる資産に準ずるもの

2　棚卸資産の取得価額

態様	取　得　価　額
購入	次に掲げる金額の合計額 ①　当該資産の購入の代価（引取運賃，荷役費，運送保険料，購入手数料，関税（附帯税を除く。）その他当該資産の購入のために要した費用がある場合には，その費用の額を加算した金額） ②　当該資産を消費し又は販売の用に供するために直接要した費用の額 （注）１　(イ)買入事務，検収，整理，選別，手入れ等に要した費用の額，(ロ)販売所等から販売所等へ移管するために要した運賃，荷造費等の費用の額，(ハ)特別の時期に販売するなどのため，長期にわたって保管するために要した費用の額で，その金額の合計額が少額（その棚卸資産の購入代価のおおむね３％以内）である場合は，その費用は，取得価額に算入しないことができる（法基通5-1-1）。 ２　取得又は保有に関連して支出するものであっても，不動産取得税，固定資産税及び都市計画税，特別土地保有税，登録免許税の額及び借入金の利子の額は，取得価額に算入しないことができる（法基通5-1-1の２）。
製造等	次に掲げる金額の合計額 ①　当該資産の製造等のために要した原材料費，労務費及び経費の額 ②　当該資産を消費し又は販売の用に供するために直接要した費用の額 （注）１　(イ)製造等の後において要した検査，検定，整理，選別，手入れ等の費用の額，(ロ)製造場等から販売所等へ移管するために要した運賃，荷造費等の費用の額，(ハ)特別の時期に販売するなどのため，長期にわたって保管するために要した費用の額で，これらの費用の額の合計額が少額（当該棚卸資産の製造原価のおおむね３％以内の金額）である場合には，その取得価額に算入しないことができる（法基通5-1-3）。 ２　次に掲げるような費用の額は，製造原価に算入しないことができる（法基通5-1-4）。

製造等	(イ) 使用人等に支給した賞与のうち，例えば創立何周年記念賞与のように特別に支給される賞与であることの明らかなものの額 (ロ) 試験研究費のうち，基礎研究・応用研究の費用の額及び工業化研究に該当することが明らかでないものの費用の額 (ハ) 特別償却の規定の適用を受ける資産の償却費の額のうち特別償却限度額に係る部分の金額 (ニ) 工業所有権等について支払う使用料の額が売上高等に基づいている場合における当該使用料の額等 (ホ) 工業所有権等について支払う使用料の額が生産数量等を基礎として定められている場合の生産数量等により計算される使用料の額を超える部分の金額 (ヘ) 複写して販売するための原本となるソフトウエアの償却費の額 (ト) 事業税及び地方法人特別税の額 (チ) 事業の閉鎖，事業規模の縮小等により大量整理した使用人に係る退職給与の額 (リ) 生産を相当期間にわたり休止した場合のその休止期間に対応する費用の額 (ヌ) 償却超過額その他税務計算上の否認金の額 (ル) 障害者の雇用の促進等に関する法律に規定する障害者雇用納付金の額 (ヲ) 工場等が支出した寄附金の額 (ワ) 借入金の利子の額
上記以外	交換，贈与，債権の弁済等など，上記以外の方法により取得した場合（適格分社型分割，適格現物出資又は適格現物分配による分割法人，現物出資法人又は現物分配法人からの取得を除く。）には，次に掲げる金額の合計額 ① その取得の時における当該資産の取得のために通常要する価額（時価） ② 当該資産を消費し又は販売の用に供するために直接要した費用の額

3 棚卸資産の評価方法

原価法	期末棚卸資産につき，次に掲げる方法のうちいずれかの方法によってその取得価額を算出し，その算出した取得価額をもって当該期末棚卸資産の評価額とする方法をいう。 なお，個別法以外の原価法は，すべて，棚卸資産をその種類，品質及び型（種類等という。売価還元法にあっては，種類等のほか通常の差益率を含む。）の異なるごとに区分し，その種類等の同じものを１グループとしてそれぞれのグループ内で所定の計算をする（法令28①一）。 (イ) 個別法　(ロ) 先入先出法 (ハ) 総平均法　(ニ) 移動平均法 (ホ) 最終仕入原価法　(ヘ) 売価還元法

低価法	期末棚卸資産をその種類等の異なるごとに区分し，その種類等の同じものについて，原価法のうちいずれかの方法により算出した評価額と当該事業年度終了の時における価額とのうちいずれか低い価額をもってその評価額とする方法をいう（法令28①二）。
洗替低価法	低価法により評価した場合においては，翌事業年度終了の日において評価をなす場合の当該棚卸資産の取得価額は，前事業年度終了の日における評価額ではなく，実際の取得価額を基礎として計算する。
個別法を選できない棚卸資産	個別法（個別法による低価法を含む。）については，棚卸資産のうち，通常の取引によって大量に取得され，かつ，規格に応じて価額が定められているものについては適用されない（法令28②）。 （注）「個別法を選定することができる棚卸資産」については，法基通５－２－１参照のこと。
特別な評価方法	棚卸資産の評価方法については，原価法，低価法以外の方法を所轄税務署長の承認を受けて選択できる（法令28の２）。

4　評価方法の選定及び変更手続

評価方法の選定及び届出	①　棚卸資産の評価の方法は，事業の種類（二以上の事業所，工場その他これらに準ずる場所を有する法人については，更に当該場所の別）ごと，かつ，商品又は製品，半製品，仕掛品，主要原材料及び補助原材料その他の棚卸資産の区分ごとに選定しなければならない（法令29①）。 ②　法人は，法人設立の日又は収益事業開始の日（合併で事業の種類の異なるものを受入れたときは，合併の日）の属する事業年度の確定申告書の提出期限までに，棚卸資産につき，よるべき評価の方法を届出なければならない（法令29②）。
法定評価方法	法人が評価方法の届出をしなかった場合又は選定した評価方法により評価しなかった場合においては，最終仕入原価法により算出した取得価額による原価法とする。 ただし，法人が選定した評価方法により評価しなかった場合において，その法人が行った評価の方法が法人税法施行令28条１項に規定する方法のうちいずれかの方法に該当し，かつ，その評価方法によってもその法人の各事業年度の所得の金額の計算を適正に行うことができると認めるときは，その法人が行った評価方法によることができる（法令31）。
評価方法の変更手続	棚卸資産の評価方法を変更しようとするときは，新たな評価方法を採用しようとする事業年度開始の日の前日までに申請書を提出し，税務署長の承認を受けなければならない。 変更後３年を経過して合理的理由により変更するとき等は承認されるが，当該事業年度末日までに承認又は却下の処分がなかったときは，承認があったものとみなす（法令30，法基通５－２－13）。

第8編　短期売買商品等・有価証券等

1　短期売買商品等の譲渡損益等

1　譲渡損益

法人が短期売買商品等（金，銀，白金等短期的な価格の変動を利用し利益を得る目的で取得した資産（法令118の４））及び資金決済に関する法律に規定する仮想通貨の譲渡をした場合の譲渡損益は合併及び分割による時価譲渡，帳簿価額による引継ぎ，現物分配による譲渡の適用がある場合を除き，その譲渡に係る契約をした日の属する事業年度の益金の額又は損金の額に算入する（法法61①）。

なお，法人が，その譲渡利益額又は譲渡損失額（事業年度終了の日において未引渡しとなっている短期売買商品等に係る譲渡損益の額を除く。）をその短期売買商品等の引渡しのあった日の属する事業年度の益金の額又は損金の額に算入している場合には，その処理も認められる（法基通2－1－21の12）。

2　期末評価額

法人が事業年度終了の時〔期末時〕において有する短期売買商品等については，次に掲げる短期売買商品等の区分に応じた方法（②の短期売買商品等にあっては，法人が選定した方法（その方法を選定しなかった場合には，原価法）により評価した金額をもって，期末時評価額とする。

① 短期売買商品等（暗号資産にあっては，市場暗号資産（活発な市場が存在する暗号資産として一定のもの（法令118の７①））に限るものとし，次に掲げるものを除く。）･･･時価法
　イ　特定譲渡制限付暗号資産（譲渡についての制限その他の条件が付されている暗号資産であってその条件が付されていることにつき適切に公表されるための手続が行われているもの（法令118の７②））
　ロ　特定自己発行暗号資産（当該内国法人が発行し，かつ，その発行の時から継続して有する暗号資産〔自己発行暗号資産〕であってその時から継続して譲渡についての制限その他の条件が付されているもの（法令118の７③））
② 市場暗号資産に該当する特定譲渡制限付暗号資産（自己発行暗号資産を除く。）･･･時価法又は原価法
③ 上記①及び②の短期売買商品等以外の短期売買商品等･･･原価法

（注）上記の「時価法」とは，期末時において有する短期売買商品等をその種類又は銘柄〔種類等〕の異なるごとに区別し，その種類等の同じものについて，当該期末時における価額（法令118の８）をもって当該短期売買商品等の当該期末時における評価額とする方法をいい，「原価法」とは，期末時において有する短期売買商品等について，当該期末時における帳簿価額をもって当該短期売買商品等の当該期末時における評価額とする方法をいう（法法61②）。

3　時価評価損益

法人が期末時において短期売買商品等（時価法により評価した金額〔時価評価金

額〕をもってその期末時における評価額とするものに限る。）を有する場合（暗号資産にあっては，自己の計算において有する場合に限る。）には，当該短期売買商品等に係る評価益（当該短期売買商品等の時価評価金額が当該短期売買商品等の期末帳簿価額を超える場合におけるその超える部分の金額をいう。）又は評価損（当該短期売買商品等の期末帳簿価額が当該短期売買商品等の時価評価金額を超える場合におけるその超える部分の金額をいう。）は，その期末時の属する事業年度の所得の金額の計算上，益金の額又は損金の額に算入する（法法61③）。

なお，法人が上記により当該事業年度の益金の額又は損金の額に算入した金額に相当する金額は，翌事業年度の所得の金額の計算上，損金の額又は益金の額に算入する（法令118の10①）。

4　暗号資産の区分変更等によるみなし譲渡

法人が暗号資産を自己の計算において有する場合において，その暗号資産が特定自己発行暗号資産に該当しないこととなったことその他一定の事実（法令118の11①）が生じたときは，その該当しないこととなった時において，その暗号資産をその時の直前の帳簿価額により譲渡し，かつ，その暗号資産をその帳簿価額により取得したものとみなして，その内国法人の各事業年度の所得の金額を計算する（法法61⑥，法令118の11②）。

5　未決済の暗号資産信用取引

法人が事業年度末に有する未決済の暗号資産信用取引は，事業年度末に決済したものとみなして計算した利益の額又は損失の額に相当する金額をその事業年度の益金の額又は損金の額に算入する（法法61⑦，法令118の12，法基通2－1－21の14）。

（備考）　暗号資産に関する一般的な法人税法上の取扱いについては，「暗号資産等に関する税務上の取扱いについて（情報）」（令和５年12月25日付課税総括課情報第14号）ほか５課共同を参照されたい。

2　有価証券の譲渡損益及び時価評価損益

1　有価証券の範囲

① 金融商品取引法２条１項（定義）に規定する有価証券（自己株式を除く。）
　イ　国債証券
　ロ　地方債証券
　ハ　特別の法律により法人の発行する債券
　ニ　社債券（相互会社の社債券を含む。）
　ホ　特別の法律により設立された法人の発行する出資証券
　へ　株券又は新株予約権を表示する証券又は証書
　ト　投資信託又は外国投資信託の受益証券
　チ　貸付信託の受益証券　等

② 金融商品取引法２条１項１号から15号まで（定義）に掲げる有価証券及び同項17号に掲げる有価証券（同項16号に掲げる有価証券の性質を有するものを除く。）に表示されるべき権利（当該有価証券が発行されていないものに限る。）

③ 銀行法10条２項５号に規定する証書をもって表示される金銭債権のうち財務省令で定めるもの
④ 合名会社，合資会社又は合同会社の社員の持分，協同組合等の組合員又は会員の持分その他法人の出資者の持分
⑤ 株主又は投資主となる権利，優先出資者となる権利，特定社員又は優先出資社員となる権利その他法人の出資者となる権利（金商法２②，法令11）

2　有価証券の譲渡益又は譲渡損の益金算入又は損金算入

有価証券を譲渡した場合には，原則として，約定日の属する事業年度において，譲渡対価の額から譲渡原価の額を減算した金額を益金の額又は損金の額に算入する（法法61の2①）。

法人税法62条から62条の５までの適用がある合併，分割，適格現物出資，適格現物分配等による移転は除かれる。

◇「約定日」とは，次に掲げる区分に応じて，それぞれ次に掲げる日となる（法基通2－1－22）。

取引の形態	約定日
証券業者等に売却の媒介，取次ぎ若しくは代理の委託又は売出しの取扱いの委託をしている場合	委託をした有価証券の売却に関する取引が成立した日
相対取引により有価証券を売却している場合	金融商品取引法37条の４に規定する書面に記載される約定日，売買契約書の締結日などの当該相対取引の約定が成立した日
その有価証券の譲渡が法人税法施行規則27条の３第６号から８号まで及び10号から15号までに掲げる事由によるものである場合	当該各号に定める日に応じた組織再編成の日（法基通1－4－1参照）

（注）上記のとおり，有価証券の譲渡損益は，約定日基準により計上することとされているが，厳格な約定日基準だけではなく，期中においては引渡日に譲渡損益を計算するとともに，事業年度末に約定済で未引渡しになっている有価証券についてはその譲渡損益を約定日基準で計上する方法〔企業会計における修正受渡日基準〕も認められている（法基通２－１－23）。

3　有価証券の時価評価損益等

⑴　概　要

法人が事業年度終了の時において有する有価証券については，次に掲げる区分に応じ，それぞれに定める金額をもって，その時における評価額とする（法法61の３①）。

有価証券の区分		期末評価
売買目的有価証券（企業支配株式等を除く。）(注1)		時価法
売買目的外有価証券	満期保有目的等有価証券 (注2)	原価法（償還有価証券については償却原価法）
	その他有価証券	

（注１） 例）
①短期的な価格変動を利用して利益を得る目的[短期売買目的]で行う取引に専ら従事する者が，短期売買目的でその取得の取引を行った有価証券
②短期売買目的で取得したものとして，その取得の日に「売買目的有価証券」等の勘定科目により区分した有価証券

（注２） 償還期限の定めのある有価証券（売買目的有価証券を除く。）のうち，その償還期限まで保有する目的で取得したものとして，その取得の日に「満期保有目的債券」等の勘定科目により区分した有価証券又は企業支配株式等をいう。

(2) 売買目的有価証券の期末評価額

区　分	価　格
①　取引所売買有価証券	金融商品取引所において公表されたその事業年度終了の日の最終の売買の価格
②　店頭売買有価証券，取扱有価証券	認可金融商品取引業協会によって公表されたその事業年度終了の日の最終の売買の価格
③　その他価格公表有価証券	価格公表者によって公表されたその事業年度終了の日の最終の売買価格
④　①～③以外の有価証券（株式・出資を除く）	類似する有価証券について公表された事業年度終了の日における最終売買価格又は価格に影響を及ぼす指標に基づき合理的な方法により計算した金額
⑤　上記以外の有価証券	その事業年度終了の時の帳簿価額

(3) 評価損益の計上

法人が，事業年度終了の時において売買目的有価証券を有する場合には，その売買目的有価証券のその時における評価益又は評価損の金額は，その事業年度の所得の金額の計算上，益金の額又は損金の額に算入する（法法61の３②）。

3　デリバティブ取引に係る利益相当額等

法人がデリバティブ取引を行った場合において，当該デリバティブ取引のうち事業年度終了の時において決済されていないもの（未決済デリバティブ取引）があるときは，その時において当該未決済デリバティブ取引を決済したものとみなして算出した利益の額又は損失の額に相当する金額は，当該事業年度の益金の額又は損金の額に算

入する（法法61の5，法規27の7②）。

法人がデリバティブ取引に係る契約に基づき金銭以外の資産を取得した場合には，その取得時の当該資産の価額とその取得の基因となったデリバティブ取引に係る契約に基づき当該資産の取得の対価として支払った金額との差額は，当該取引の日の属する事業年度の所得の金額の計算上，益金の額又は損金の額に算入する（法法61の5③）。

◇「デリバティブ取引」とは，金利，通貨の価格，商品の価格，その他の指標の数値としてあらかじめ当事者間で約定された数値と将来の一定の時期における現実の当該指標の数値との差に基づいて算出される金銭の授受を約する取引又はこれに類似する取引をいう（法法61の5①，法規27の7①）。

4　ヘッジ処理による利益額の計上時期等

繰延ヘッジ処理の概要	資産（短期売買商品等及び売買目的有価証券を除く。）又は負債の価額の変動等に伴って生ずるおそれのある損失の額〔ヘッジ対象資産等損失額〕を減少させるためにデリバティブ取引等を行った場合（デリバティブ取引等を行った日に，ヘッジ目的で行った旨及びヘッジ対象資産等及びデリバティブ取引等の明細等を帳簿書類に記載した場合に限る。）において，デリバティブ取引等を行った時から事業年度終了の時までの間においてヘッジ対象資産等につき譲渡等がなく，かつ，そのデリバティブ取引等がヘッジ対象資産等損失額を減少させるために有効であると認められるときは，そのデリバティブ取引等に係る利益額又は損失額のうちそのヘッジ対象資産等損失額を減少させるために有効である部分の金額〔有効決済損益額〕は，当該事業年度の所得の金額の計算上，益金の額又は損金の額に算入しない（法法61の6①，法規27の8）。
時価ヘッジ処理の概要	売買目的外有価証券（法法61の3①二）の価額の変動（期末時換算法により円換算額をする償還期限及び償還金額の定めのあるもの有価証券の価額の変動のうち為替相場の変動に基因するものを除く。）により生ずるおそれのある損失の額〔ヘッジ対象有価証券損失額〕を減少させるためにデリバティブ取引等を行った場合（デリバティブ取引等を行った日に，ヘッジ目的で行った旨及びヘッジ対象の売買目的外有価証券を時価評価する旨並びに売買目的外有価証券及びデリバティブ取引等の明細等を帳簿書類に記載した場合に限る。）において，事業年度終了の時までにヘッジ対象である売買目的外有価証券の譲渡がなく，かつ，そのデリバティブ取引等がヘッジ対象有価証券損失額を減少させるために有効であると認められるときは，その売買目的外有価証券の価額と帳簿価額との差額のうちデリバティブ取引等に係る利益額又は損失額に対応する部分の金額〔ヘッジ対象有価証券評価差額〕は，当該事業年度の所得の金額の計算上，損金の額又は益金の額に算入する（法法61の7①）。

第9編　減価償却資産

1　減価償却資産の範囲

(1)　有形固定資産

①建物及びその附属設備，②構築物（工場緑化施設等を含む。），③機械及び装置，④船舶，⑤航空機，⑥車両及び運搬具，⑦工具，器具及び備品（観賞用，興行用その他これらに準ずる用に供する生物を含む。）

(2)　無形固定資産

①鉱業権（租鉱権，採石権等を含む。），②漁業権（入漁権を含む。），③ダム使用権，④水利権，⑤特許権，⑥実用新案権，⑦意匠権，⑧商標権，⑨ソフトウエア，⑩育成者権，⑪公共施設等運営権，⑫樹木採取権，⑬漁港水面施設運営権，⑭営業権，⑮専用側線利用権，⑯鉄道軌道連絡通行施設利用権，⑰電気ガス供給施設利用権，⑱水道施設利用権，⑲工業用水道施設利用権，⑳電気通信施設利用権

(3)　生物（(1)の⑦に掲げるものを除く。）

①　牛，馬，豚，綿羊及びやぎ

②　かんきつ樹，りんご樹，ぶどう樹，梨樹，キウイフルーツ樹等

③　茶樹，オリーブ樹，つばき樹，桑樹，こりやなぎ，みつまた，こうぞ，もう宗竹，アスパラガス，ラミー等

（法法２二十三，法令13）

2　減価償却資産の取得価額

(1)　購入したもの……次に掲げる金額の合計額（法令54①一）

①　当該資産の購入の代価（引取運賃，荷役費，運送保険料，購入手数料，関税その他資産の購入のために要した費用がある場合には，その費用の額を加算した金額）

②　当該資産を事業の用に供するために直接要した費用の額

(2)　自己の建設等に係るもの……次に掲げる金額の合計額（法令54①二）

①　当該資産の建設等のために要した原材料費，労務費及び経費の額

②　当該資産を事業の用に供するために直接要した費用の額

(3)　自己が成育させた牛馬等……次に掲げる金額の合計額（法令54①三）

①　成育させるために取得した牛馬等に係る購入等の代価又は種付費及び出産費の額並びに当該取得した牛馬等の成育のために要した飼料費，労務費及び経費の額

②　成育させた牛馬等を事業の用に供するために直接要した費用の額

(4)　自己が成熟させた果樹等……次に掲げる金額の合計額（法令54①四）

①　成熟させるために取得した果樹等に係る購入等の代価又は種苗費の額並びに当該取得した果樹等の成熟のために要した肥料費，労務費及び経費の額

②　成熟させた果樹等を事業の用に供するために直接要した費用の額

(5) **合併，分割等により移転を受けた減価償却資産**……次に掲げる区分に応じそれぞれ次に定める金額の合計額（法令54①五）

① 適格合併又は適格現物分配（残余財産の全部の分配に限る）により移転を受けた減価償却資産

㋑ 当該適格合併等に係る被合併法人又は現物分配法人が当該適格合併の日の前日又は当該残余財産の確定の日の属する事業年度において当該資産の償却限度額の計算の基礎とすべき取得価額

㋺ 当該適格合併等に係る合併法人又は被現物分配法人が当該資産を事業の用に供するために直接要した費用の額

② 適格分割，適格現物出資又は適格現物分配（残余財産の全部の分配を除く）により移転を受けた減価償却資産

㋑ 当該適格分割等に係る分割法人，現物出資法人又は現物分配法人が当該適格分割等の日の前日を事業年度終了の日とした場合に当該事業年度において当該資産の償却限度額の計算の基礎とすべき取得価額

㋺ 当該適格分割等に係る分割承継法人，被現物出資法人又は被現物分配法人が当該資産を事業の用に供するために直接要した費用の額

(6) **その他の方法により取得したもの**……次に掲げる金額の合計額（法令54①六）

① その取得の時における当該資産の取得のために通常要する価額

② 当該資産を事業の用に供するために直接要した費用の額

（注） 減価償却資産の取得に関連して支出した費用であっても，取得価額に算入しないことができる費用については，法基通7−3−1の2，7−3−2，7−3−3の2等を参照のこと。

3 減価償却の方法等

1 資産別にみた償却方法

資産の区分		選定をすることができる償却の方法
建物（注）		定額法
建物附属設備及び構築物（注）		定額法
機械及び装置，船舶，航空機，車両及び運搬具，工具並びに器具及び備品（注）		定額法又は定率法
鉱業用減価償却資産	建物，建物附属設備及び構築物	定額法又は生産高比例法
	上記以外	定額法，定率法又は生産高比例法
無形固定資産及び生物		定額法
鉱業権		定額法又は生産高比例法
リース資産		リース期間定額法

（注） 建物，建物附属設備，構築物，機械及び装置，船舶，航空機，車両及び運搬具，工具並びに器具及び備品からは，鉱業用減価償却資産及びリース資産を除く。

(参考) 主な減価償却資産の耐用年数・償却率等 

2　中古資産の耐用年数（耐用年数省令3）

見積法	当該資産をその用に供した時以後の使用可能期間の年数
簡便法	次に掲げる資産（別表第一，別表第二，別表第五又は別表第六に掲げる減価償却資産であって，年数を見積もることが困難なものに限る。）の区分に応じそれぞれ次に定める年数（その年数が2年に満たないときは，これを2年） イ　法定耐用年数の全部を経過した資産 法定耐用年数×20／100 ロ　法定耐用年数の一部を経過した資産 （法定耐用年数－経過年数）＋経過年数×20／100

（注）法人が中古資産を取得した場合において，当該減価償却資産を事業の用に供するに当たって支出した資本的支出の金額が当該減価償却資産の再取得価額の100分の50に相当する金額を超えるときは，当該減価償却資産については，別表第一，別表第二，別表第五又は別表第六に定める耐用年数による（耐用年数通達1－5－2）。なお，取得した中古資産を事業の用に供するために支出した資本的支出の金額がその中古資産の再取得価額の50％に相当する金額以下である場合には，その使用期間を簡便的に見積もることが認められている（耐用年数通達1－5－6）。

3　少額の減価償却資産の取得価額の損金算入制度等の見直し（令和4年度改正）

【改正前の制度及び見直しの趣旨】

○　法人が取得し，事業の用に供した少額減価償却資産（一組又は一式単位の取得価額10万円未満の減価償却資産）は，供用年度において損金算入され，法人が取得し，事業の用に供した一括償却資産（一組又は一式単位の取得価額20万円未満の減価償却資産）は，3年均等で損金算入される。

○　税務調査の現場において，当期の利益を圧縮する目的として，自らが行う事業で使用しない少額な資産を大量に取得し，その取得した資産を貸付けの用に供することにより，上記制度を適用して当期の損金に算入し，賃貸料・売却益を当期以後の複数年度の益金に算入することとする損金と益金の計上時期の相違を利用した節税スキーム（注）が見受けられ，近年増加傾向にある。

（注）税務上売買取引とならないリース契約（オペレーティングリース契約）を締結し，リース賃貸料における回収額と貸付期間終了後の資産の売却益とを合わせた額が，資産の取得価額と同額程度となるスキーム。このスキームに利用される資産として，建設用足場，ドローン，ＬＥＤ照明などがある。

【改正後】

○　上記制度の対象となる資産から貸付け（主要な事業として行われるものを除く。）の用に供した資産を除く。

（備考）財務省資料に基づき作成

4　中小企業者等の少額減価償却資産の取得価額の損金算入の特例

適用対象法人が，取得価額が30万円未満である減価償却資産を平成18年４月１日から令和８年３月31日までの間に取得などして事業の用に供した場合には，その取得価額に相当する金額を損金の額に算入することができる（適用を受ける事業年度における少額減価償却資産の取得価額の合計額は年300万円を限度）（措法67の５）。

（注）　この特例の適用を受ける資産は，租税特別措置法上の特別償却，税額控除，圧縮記帳との重複適用は不可。取得価額が10万円未満のもの，一括償却資産の損金算入制度の適用を受けるもの及び貸付け（主要な事業として行われるものを除く。）の用に供したものについても適用対象外とされている。

〔適用対象法人〕

この特例の対象となる法人は，青色申告法人である中小企業者(※)又は農業協同組合等（通算法人を除く。）のうち事務負担に配慮する必要がある次の法人に限られている。

①　常時使用する従業員の数が500人以下の法人（特定法人（法法75の４②）を除く。）
②　常時使用する従業員の数が300人以下の特定法人

（備考）　令和６年度改正において，対象法人から電子情報処理組織を使用する方法（e-Tax）により法人税の確定申告書等に記載すべきものとされる事項を提供しなければならない法人〔特定法人〕のうち常時使用する従業員の数が300 人を超えるものが除外された（令和６年４月１日以後に取得する対象資産について適用）。

（※）　適用除外事業者（その事業年度開始の日前３年以内に終了した各事業年度の所得金額の年平均額が15億円を超える法人等をいう。）（措法42の４⑲八）に該当するものは除く。なお，「中小企業者」に該当するかどうかは，次頁参照のこと。

(参考)「主要な事業として行われる貸付け」に該当するか否かの判定

次に掲げる資産の貸付けは「主要な事業として行われる貸付け」に該当するものとされている（法規27の17①）。

①　その内国法人がその内国法人との間に特定関係(※)がある法人の事業の管理及び運営を行う場合におけるその法人に対する資産の貸付け

（※）「特定関係」とは，一の者が法人の事業の経営に参加し，事業を実質的に支配し，又は株式若しくは出資を有する場合における当該一の者と法人との間の関係〔当事者間の関係〕，一の者との間に当事者間の関係がある法人相互の関係その他これらに準ずる関係をいう（法規27の17①一）。

（例）　企業グループの管理運営を行う親法人その他グループ内の法人がグループ内の他の法人に対して行う事務機器等の貸付け等

②　その内国法人に対して資産の譲渡又は役務の提供を行う者のその資産の譲渡又は役務の提供の事業の用に専ら供する資産の貸付け

（例）　製造業を営む法人が自己の下請業者等に対して専らその製造業を営む法人のためにする製品の加工等の用に供される機械等を貸し付ける場合のその貸付け等

③　継続的にその内国法人の経営資源(※)を活用して行い，又は行うことが見込まれる事業としての資産の貸付け

（※）「経営資源」とは，事業の用に供される設備（その貸付けの用に供する資産を除く。），事業に関する従業者の有する技能又は知識（租税に関するものを除く。）

その他これらに準ずるものをいう。

④　その内国法人が行う主要な事業に付随して行う資産の貸付け

（例）不動産販売業等を営む法人がその販売した建物等の販売先に対して行うその建物等の附属設備の貸付け等

ただし，上記①から④までの貸付けであっても，資産の貸付け後に譲渡人その他の者がその資産を買い取り，又はその資産を第三者に買い取らせることをあっせんする旨の契約が締結されている場合におけるその貸付けは，主要な事業として行われる貸付けに該当しないものとされている（法規27の17②）。

〔中小企業者の判定表〕

中小企業者の判定表								
発行済株式又は出資の総数又は総額		a		大規模法人の保有する株式数等の明細	順位	大規模法人名		株式数又は出資金の額
aのうちその有する自己の株式又は出資の総数又は総額		b			1		i	
差引　(a)－(b)		c					j	
常時使用する従業員の数		d	人				k	
大規模法人の株式数等の保有割合	第1順位の株式数又は出資金の額 (i)	e					l	
	保有割合 (e)/(c)	f	%				m	
	大規模法人の保有する株式数等の計 (o)	g					n	
	保有割合 (g)/(c)	h	%		計 (i)+(j)+(k)+(l)+(m)+(n)		o	
判定	資本金の額又は出資金の額が1億円以下の法人	「f」が1/2以上又は「h」が2/3以上の場合					⇒「中小企業者」非該当	
	資本又は出資を有しない法人	「d」が1,000人を超える場合						

（留意事項）

「大規模法人の保有する株式数等の明細ｉ～ｎ」の各欄は，その法人の株主等のうち大規模法人について，その所有する株式数又は出資金の額の最も多いものから順次記載します。

（注）大規模法人とは，次のイ～ハの法人をいい，中小企業投資育成株式会社を除きます。

イ　資本金の額又は出資金の額が１億円を超える法人

ロ　資本又は出資を有しない法人のうち常時使用する従業員の数が1,000人を超える法人

ハ　次の(イ)又は(ロ)の法人

(イ)　大法人（次のＡ～Ｃの法人をいいます。）との間にその大法人による完全支配関係がある普通法人

Ａ　資本金の額又は出資金の額が５億円以上である法人

Ｂ　相互会社及び外国相互会社のうち常時使用する従業員の数が1,000人を超える法人

Ｃ　受託法人

(ロ)　普通法人との間に完全支配関係がある全ての大法人が有する株式及び出資の全部をその全ての大法人のうちいずれか一の法人が有するものとみなした場合において，そのいずれか一の法人とその普通法人との間にそのいずれか一の法人による完全支配関係があることとなるときのその普通法人（(イ)の法人を除きます。）

（出典）国税庁資料

5　少額減価償却資産の取得価額の判定

例	判定
共有で買い入れた電子計算機	それぞれの持分に応じた取得価額で判定
圧縮記帳した機械装置	圧縮記帳後の価額で判定（法令54③）
電話機の購入費用	電話機１台ごとに判定
新築マンションに取り付けたカーテン，ブラインド又はじゅうたん	１組として使用される単位（部屋）ごとに判定
本社屋の新築に際し，取り付けた蛍光灯	建物附属設備（電気設備）に該当し，全体で判定（一部が不良となった場合の取替費用は修繕費）
事務室と休養室とを仕切るために取り付けた間仕切り用パネル	間仕切りとして完成されたものを一つの単位として判定
建設足場材料であるパイプ，丸太等	１本ごとに判定（法基通２－２－６の適用あり）
百科辞典の購入費用	全巻を一単位として判定
追録式法規集の追録費用	通常の維持管理費用（支出の都度損金算入）
レンタル用のＤＶＤ，ＣＤ等	１枚ごとに判定
飲食店業等の厨房用機器の購入	「飲食店業用設備」に含まれる電気機器，ガス機器などで単体で機能を有するものは，１台又は１個ごとに判定
貸衣装用衣装の購入	着物，長襦袢，帯など個々に判定
テーブルとイスで１組になっている応接セット	通常の取引単位である１組で判定
海岸にある工場の護岸工事のため海中に投入したテトラポット	一つの工事ごとに判定
枕木，電柱等	一つの工事ごとに判定
ＣＭ用フィルムの作成費用	テレビ放映期間が通常１年未満であることなどから，放映開始日における一時の損金可
工場見学用ＰＲフィルムの作成費用	「器具及び備品」の「前掲のもの以外のもの」の「映画フィルム」の耐用年数２年により償却

（出典）国税庁質疑応答事例等に基づき作成

4　資本的支出と修繕費

固定資産の修理，改良等のために支出した金額のうち，その固定資産の維持管理や原状回復のために要したと認められる部分の金額は，修繕費として支出した時に損金算入が認められる。ただし，その修理，改良等が固定資産の使用可能期間を延長させ，又は価値を増加させるものである場合は，その延長及び増加させる部分に対応する金額は，修繕費とはならず，資本的支出となる。

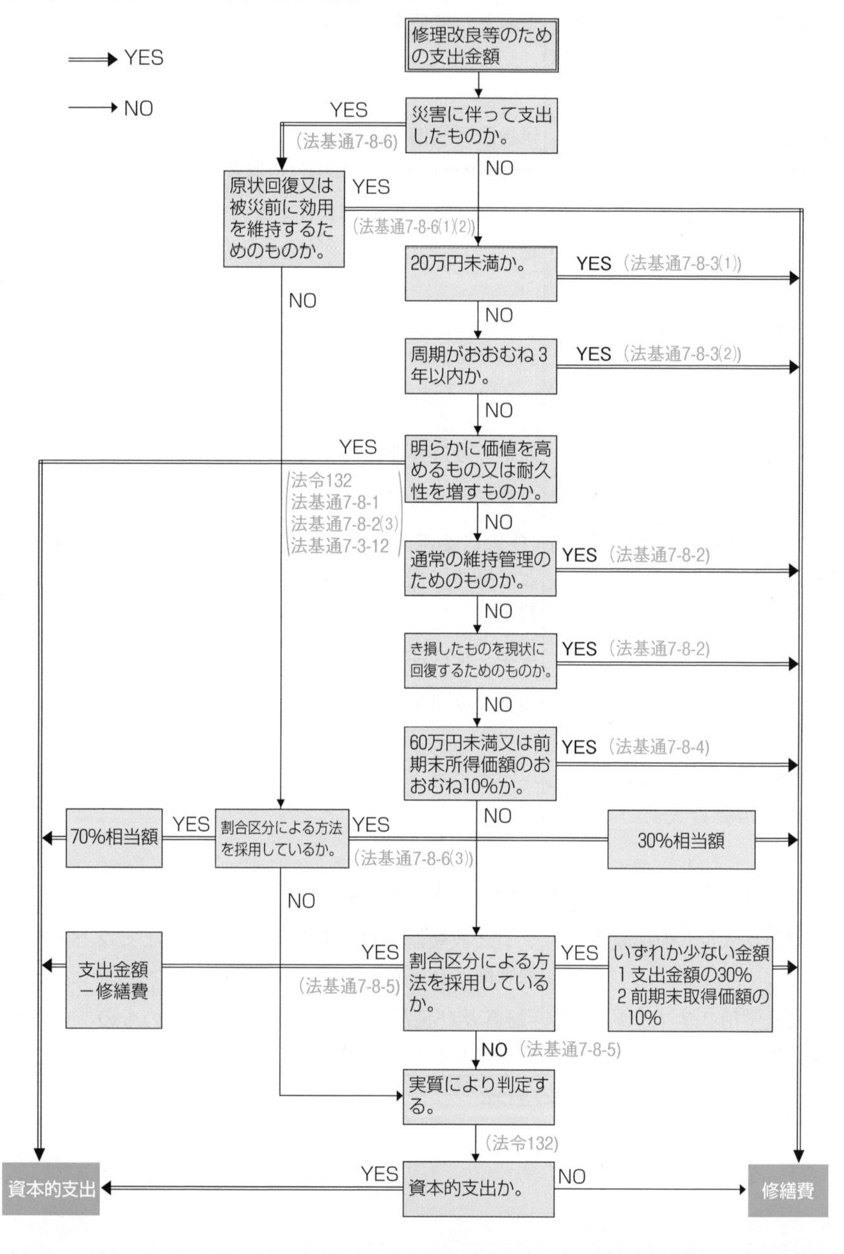

5　租税特別措置法に基づく特別償却等

制度名	概要
中小企業者等が機械等を取得した場合の特別償却又は法人税額の特別控除（中小企業投資促進税制）（措法42の6）	中小企業者等が，特定機械装置等の取得等をした場合には，取得価額（船舶は取得価額の75%）の①30%の特別償却又は②7%の税額控除（特定中小企業者等に限り，当期の法人税額の20%を限度とし，控除限度超過額は1年間の繰越し）ができる。
沖縄の産業イノベーション促進地域において工業用機械等を取得した場合の特別償却又は法人税額の特別控除（措法42の9①三，45①一）	沖縄の産業イノベーション促進地域において，工業用機械等の取得等をした場合には，取得価額の①34%（建物等は20%）の特別償却又は②15%（建物等は8%）の税額控除（当期の法人税額の20%を限度とし，控除限度超過額は4年間の繰越し）ができる。
沖縄の国際物流拠点産業集積地域において工業用機械等を取得した場合の特別償却又は法人税額の特別控除（措法42の9①四，45①二）	沖縄の国際物流拠点産業集積地域において，工業用機械等の取得等をした場合には，取得価額の①50%（建物等は25%）の特別償却又は②15%（建物等は8%）の税額控除（当期の法人税額の20%を限度とし，控除限度超過額は4年間の繰越し）ができる。
沖縄の経済金融活性化特別地区において工業用機械等を取得した場合の特別償却又は法人税額の特別控除（措法42の9①五，45①三）	沖縄の経済金融活性化特別地区において，工業用機械等の取得等をした場合には，取得価額の①50%（建物等は25%）の特別償却又は②15%（建物等は8%）の税額控除（当期の法人税額の20%を限度とし，控除限度超過額は4年間の繰越し）ができる。
国家戦略特別区域において機械等を取得した場合の特別償却又は法人税額の特別控除（措法42の10）	国家戦略特別区域法の一定の特定事業の実施主体として認定区域計画に定められた法人が，国家戦略特別区域内において，特定機械装置等の取得等をした場合には，取得価額の①50%・45%（建物等は25%・23%）の特別償却又は②15%・14%（建物等は8%・7%）の税額控除（当期の法人税額の20%を限度）ができる。
国際戦略総合特別区域において機械等を取得した場合の特別償却又は法人税額の特別控除（措法42の11）	総合特別区域法の指定法人が，国際戦略総合特別区域内において，特定機械装置等の取得等をした場合には，取得価額の①34%・30%（建物等は17%・15%）の特別償却又は②8%・10%（建物等は4%・5%）の税額控除（当期の法人税額の20%を限度）ができる。

制度名	概要
地域経済牽引事業の促進区域内において特定事業用機械等を取得した場合の特別償却又は法人税額の特別控除（措法42の11の2）	地域経済牽引事業の促進による地域の成長発展の基盤強化に関する法律の承認地域経済牽引事業者であるものが，承認地域経済牽引事業計画に従って特定事業用機械等の取得等をした場合には，基準取得価額の①40％（特定法人が事業供用するものについては50％）（建物等及び構築物は，20％）の特別償却又は②４％（特定法人が事業供用するものについては５％，著しい経済的効果を及ぼすものは６％）（建物等及び構築物は，２％）の税額控除（当期の法人税額の20％を限度）ができる。
地方活力向上地域等において特定建物等を取得した場合の特別償却又は法人税額の特別控除（措法42の11の３）	地方活力向上地域等特定業務施設整備計画について地域再生法の認定を受けた法人が，認定後２年経過日までに，特定建物等の取得等をした場合には，取得価額（取得価額の合計額が80億円を超える場合には基準取得価額）の①15％・25％の特別償却又は②４％・７％の税額控除（当期の法人税額の20％を限度）ができる。
中小企業者等が特定経営力向上設備等を取得した場合の特別償却又は法人税額の特別控除（措法42の12の４）	中小企業者等が，特定経営力向上設備等の取得等をした場合には，①取得価額から普通償却限度額を控除した金額に相当する金額の特別償却（即時償却）又は②取得価額の７％（中小企業者等のうち資本金の額又は出資金の額が3,000万円以下の法人については10％）の税額控除（関連する制度と併せて当期の法人税額の20％を限度とし，控除限度超過額は１年間の繰越し）ができる。 （備考）　制度の詳細については，中小企業庁「中小企業等経営強化法に基づく支援措置活用の手引き（令和５年度税制改正対応版）」（令６.４.15版）を参照されたい。
認定特定高度情報通信技術活用設備を取得した場合の特別償却又は法人税額の特別控除（措法42の12の６）	特定高度情報通信技術活用システムの開発供給及び導入の促進に関する法律に規定する認定導入事業者が同法の認定導入計画に従って認定特定高度情報通信技術活用設備の取得等をした場合には，取得価額の①30％の特別償却又は②15％の税額控除（当期の法人税額の20％を限度）ができる。
事業適応設備を取得した場合等の特別償却又は法人税額の特別控除（措法42の12の７）   	①　産業競争力強化法に規定する認定事業適応事業者であるものが，情報技術事業適応の用に供するために特定ソフトウエアの新増設をし，又は情報技術事業適応を実施するために利用するソフトウエアのその利用に係る費用（繰延資産となるものに限る。）を支出する場合において，その新増設に係る特定ソフトウエア並びにその特定ソフトウエア又はその利用するソフトウエアとともに情報技術事業適応の用に供する機械装置及び器具備品（主として産業試験研究の用に供される一定のものを除く。）

制度名	概要
	の取得等をして，その事業者の事業の用に供したときは，その取得価額（下記②の制度の対象となる資産と合計して300億円を上限）の30％相当額の特別償却又は３％（情報技術事業適応のうち産業競争力の強化に著しく資する一定のものの用に供するものについては５％）の税額控除（下記②③の制度と合計して当期の法人税額の20％を限度）ができる。 ②　産業競争力強化法に規定する認定事業適応事業者であるものが，情報技術事業適応を実施するために利用するソフトウエアのその利用に係る費用を支出した場合には，その支出した費用に係る繰延資産の額（上記①の制度の対象となる資産と合計して300億円を上限）の30％の特別償却とその繰延資産の額の３％（情報技術事業適応のうち産業競争力の強化に著しく資する一定のものを実施するために利用するソフトウエアのその利用に係る費用に係るものについては５％）の税額控除（上記①の制度及び下記③の制度と合計して当期の法人税額の20％を限度）ができる。 ③　産業競争力強化法に規定する認定事業適応事業者（その認定事業適応計画（エネルギー利用環境負荷低減事業適応に関するものに限る。）にその計画に従って行うエネルギー利用環境負荷低減事業適応のための措置として生産工程効率化等設備を導入する旨の記載があるものに限る。）であるものが，その計画に記載された生産工程効率化等設備の取得等をして，その事業者の事業の用に供した場合には，その取得価額（500億円を上限とする。）の50％の特別償却と５％（その生産工程効率化等設備のうちエネルギーの利用による環境への負荷の低減に著しく資する一定のものについては10％又は14％）の税額控除（上記①の制度及び上記②の制度と合計して当期の法人税額の20％を限度）ができる。 ④　産業競争力強化法の認定に係る同法に規定する認定事業適応事業者〔認定産業競争力基盤強化商品生産販売事業者〕であるものが，その認定エネルギー利用環境負荷低減事業適応計画に記載された同法に規定する産業競争力基盤強化商品〔産業競争力基盤強化商品〕のうち同法の半導体の生産をするための設備の新設又は増設をする場合において，その新設又は増設に係る機械その他の減価償却資産〔半導体生産用資産〕の取得等をして，その法人の事業の用に供したときは，その事業の用に供した

制度名	概要
	日からその認定の日以後10年を経過する日までの期間内の日を含む各事業年度〔供用中年度〕において，その半導体生産用資産により生産された半導体の区分に応じた一定金額と，その事業の用に供したその半導体生産用資産及びこれとともにその半導体を生産するために直接又は間接に使用する減価償却資産に対して投資した金額の合計額として一定の金額（その半導体生産用資産について既に本措置により特別税額控除の対象となった金額等を除く。）とのうちいずれか少ない金額の合計額の税額控除（上記①～③の制度と合計して当期の法人税額の20%を限度）ができる。 ⑤　産業競争力強化法の認定に係る認定産業競争力基盤強化商品生産販売事業者であるものが，その認定エネルギー利用環境負荷低減事業適応計画に記載された産業競争力基盤強化商品（半導体を除く。）〔特定産業競争力基盤強化商品〕の生産をするための設備の新設又は増設をする場合において，その新設又は増設に係る機械その他の減価償却資産〔特定商品生産用資産〕の取得等をして，その法人の事業の用に供したときは，その事業の用に供した日からその認定の日以後10年を経過する日までの期間内の日を含む各事業年度〔供用中年度〕において，その特定商品生産用資産により生産された特定産業競争力基盤強化商品の区分に応じた一定の金額と，その事業の用に供したその特定商品生産用資産及びこれとともにその特定産業競争力基盤強化商品を生産するために直接又は間接に使用する減価償却資産に対して投資した金額の合計額として一定の金額（その特定商品生産用資産について既に本措置により税額控除の対象となった金額等を除く。）とのうちいずれか少ない金額の合計額の税額控除（上記①～④の制度と合計して当期の法人税額の40%を限度）ができる。
特定船舶の特別償却（措法43）	海上運送業を営む法人が，海上運送業の経営の合理化及び環境負荷の低減に資する特定の船舶の取得等をした場合には，船舶の区分に応じて，取得価額の15%～32%の特別償却ができる。
被災代替資産等の特別償却（措法43の2）	事業者が，特定非常災害発生日からその特定非常災害発生日の翌日以後5年を経過する日までの間に，特定非常災害に基因してその事業者の事業の用に供することができなくなった建物等，構築物若しくは機械装置に代わるものの取得等をして，事業の用に供した場合又は建物等，構築物

制　度　名	概　　　要
	若しくは機械装置の取得等をして，被災区域及びその被災区域である土地に付随して一体的に使用される土地の区域内においてその事業者の事業の用に供した場合には，これらの減価償却資産〔被災代替資産等〕につき，特別償却ができる。
関西文化学術研究都市の文化学術研究地区における文化学術研究施設の特別償却（措法44）	文化学術研究地区において整備される一定の研究施設の取得等をした場合には，取得価額の12%（建物等は６%）の特別償却ができる。
特定事業継続力強化設備等の特別償却（措法44の２）	中小企業等経営強化法の事業継続力強化計画又は連携事業継続力強化計画の認定を受けたものが，その認定に係る特定事業継続力強化設備等の取得等をして，その事業の用に供した場合には，その取得価額の18%（令和７年４月１日以後の取得等については16%）の特別償却ができる。
共同利用施設の特別償却（措法44の３）	生活衛生同業組合又は生活衛生同業小組合が，共同利用施設の取得等をした場合には，取得価額の６%の特別償却ができる。
環境負荷低減事業活動用資産の特別償却（措法44の４①）	環境と調和のとれた食料システムの確立のための環境負荷低減事業活動の促進等に関する法律の認定を受けた農林漁業者等である法人が認定環境負荷低減事業活動実施計画又は認定特定環境負荷低減事業活動実施計画に記載された設備等を構成する減価償却資産のうち環境負荷の低減に著しく資する一定のものの取得等をした場合には，取得価額の32%（建物等・構築物16%）の特別償却ができる。
基盤確立事業用資産の特別償却（措法44の４②）	環境と調和のとれた食料システムの確立のための環境負荷低減事業活動の促進等に関する法律の認定を受けた法人が認定基盤確立事業実施計画に記載された設備等を構成する減価償却資産のうち環境負荷の低減を図るために行う取組の効果を著しく高める一定のものの取得等をした場合には，取得価額の32%（建物等・構築物16%）の特別償却ができる。
生産方式革新事業活動用資産等の特別償却（措法44の５）	農業の生産性の向上のためのスマート農業技術の活用の促進に関する法律に規定する認定生産方式革新事業者であるものが，生産方式革新事業活動等の用に供するために生産方式革新事業活動用資産等を取得等をした場合には，取得価額の32%・25%（建物・構築物については，16%）の特別償却ができる。
沖縄の離島地域における旅館業用建物等の特別償却（措法45②）	沖縄の離島地域において，旅館業用建物等の取得等をした場合には，取得価額の８%の特別償却ができる。

制度名	概要
特定地域における工業用機械等の特別償却（措法45③）	次の地区において，産業振興機械等の取得等をした場合には，５年間，普通償却限度額の32％（建物等は48％）の割増償却ができる。 ①　過疎地域の持続的発展の支援に関する特別措置法に規定する過疎地域のうち一定の地区 ②　半島振興法の半島振興対策実施地域として指定された地区のうち認定半島産業振興促進計画に記載された地区 ③　離島振興法の離島振興対策実施地域として指定された地区の市町村長が策定する産業投資促進計画に係る地区として指定された地区
医療用機器等の特別償却（措法45の２①）	高度医療の提供に資する又は先進的な医療用機器の取得等をした場合には，取得価額の12％の特別償却ができる。
勤務時間短縮用設備等の特別償却（措法45の２②）	医療提供体制の確保に資する勤務時間短縮用設備等のうち一定の規模以上のものの取得等をして，その医療保健業の用に供した場合には，その取得価額の15％の特別償却ができる。
構想適合病院用建物等の特別償却（措法45の２③）	地域医療提供体制の確保に資する病床の再編等に係る措置として，構想適合病院用建物等の取得等をして，その医療保健業の用に供した場合には，その取得価額の８％の特別償却ができる。
事業再編促進機械等の割増償却（旧措法46）	農業競争力強化支援法の認定事業再編事業者が，事業再編促進機械等の取得等をした場合には，その用に供した日以後５年以内の日を含む各事業年度において，普通償却限度額の35％（建物等及び構築物は，40％）の割増償却ができる。
輸出事業用資産の割増償却（措法46）	農林水産物及び食品の輸出の促進に関する法律に規定する認定輸出事業者である法人が，農林水産物及び食品の輸出の促進に関する法律等の一部を改正する法律の施行の日（令和４年10月１日）から令和６年３月31日までの間に，認定輸出事業計画に記載された機械及び装置，建物及びその附属設備並びに構築物のうち，食品の生産，製造，加工若しくは流通の合理化，高度化その他の改善に資するものとして政令で定めるもの（輸出事業用資産）を取得等をし，その法人の輸出事業の用に供した場合には，その供用日以後５年以内の日を含む各事業年度（財務省令で定めるところにより証明がされた事業年度に限る。）の当該輸出事業用資産の償却限度額は，供用日以後５年以内でその用に供している期間に限り，普通償却限度額の30％（建物及びその附属設備並びに構築物については，35％）の割増償却ができる。

制度名	概要
特定都市再生建築物等の割増償却（措法47）	次の特定都市再生建築物等（注）の取得等をした場合には，5年間，普通償却限度額にそれぞれ次の割合を乗じた金額の割増償却ができる。 （注） 次の地域内において，都市再生事業により整備される建築物 ① 特定都市再生緊急整備地域：50％ ② 都市再生緊急整備地域（①の地域を除く）：25％
倉庫用建物等の割増償却（措法48）	特定総合効率化計画の認定を受けた法人が，物資流通拠点区域において，特定流通業務施設である倉庫用建物等の取得等をした場合には，5年間，普通償却限度額の8％（令和4年3月31日以前の取得等については10％）の割増償却ができる。
特別償却不足額がある場合の償却限度額の計算の特例（措法52の2）	特別償却の適用を受けた減価償却資産又は繰延資産につき，特別償却不足額がある場合には，その特別償却不足額について1年間繰越しができる。
準備金方式による特別償却（特別償却準備金積立不足額）（措法52の3）	特別償却の適用を受けることに代えて，各特別償却制度の対象資産ついて，特別償却準備金を積み立てた場合に，特別償却準備金積立不足額があるときは，その特別償却準備金積立不足額について1年間繰越しができる。

（備考）1 租税特別措置法又は震災特例法の規定による特別償却の適用を受ける場合には，特別償却限度額の計算に関する付表の添付が必要となる。

この「付表」は国税庁ホームページ（https://www.nta.go.jp/taxes/tetsuzuki/shinsei/annai/hojin/shinkoku/01.htm）に掲載されているので参照されたい。

2 特別償却の適用を受けるときは，所定の証明書等が必要とされている。特別償却制度ごとに必要とされる証明書等及びその保存要件又は確定申告書等への添付要件は，国税庁「令和5年版 申告書作成上の留意点」（https://www.nta.go.jp/publication/pamph/hojin/aramashi2023/pdf/02-17.pdf）（47頁）を参照されたい。

第10編　繰延資産

1　繰延資産の意義（法令14）

区　分	償却限度額
①　創立費（発起人に支払う報酬，設立登記のために支出する登録免許税その他法人の設立のために支出する費用で，当該法人の負担に帰すべきもの） ②　開業費（法人の設立後事業を開始するまでの間に開業準備のために特別に支出する費用） ③　開発費（新たな技術若しくは新たな経営組織の採用，資源の開発又は市場の開拓のために特別に支出する費用） ④　株式交付費（株券等の印刷費，資本金の増加の登記についての登録免許税その他自己の株式の交付のために支出する費用） ⑤　社債等発行費（社債券等の印刷費その他債券（新株予約権を含む。）の発行のために支出する費用）	その繰延資産の額（任意償却）
⑥　次の費用で支出の効果がその支出日以後１年以上に及ぶもの イ　自己が便益を受ける公共的施設又は共同的施設の設置又は改良のために支出する費用 ロ　資産を賃借し又は使用するために支出する権利金，立ちのき料その他の費用 ハ　役務の提供を受けるために支出する権利金その他の費用 ニ　製品等の広告宣伝の用に供する資産を贈与したことにより生ずる費用 ホ　イからニまでに掲げる費用のほか，自己が便益を受けるために支出する費用	その繰延資産の額を支出の効果の及ぶ期間の月数で除し，その事業年度の月数を乗じた額

2　繰延資産の償却期間

1　支出の効果の及ぶ期間

固定資産を利用するために支出した繰延資産については当該固定資産の耐用年数，一定の契約をするに当たり支出した繰延資産についてはその契約期間をそれぞれ基礎として適正に見積った期間による（法基通８－２－１）。

2　その他の繰延資産（上記１⑥）の償却期間（法基通８－２－２）

種　類	細　目	償却期間
法令第14条第１項第６号イ《公共的施設等の負担金》に掲げる費用		
公共的施設の設置又は改良のために支出する費用（法基通８－１－３）	(1)　その施設又は工作物がその負担した者に専ら使用されるものである場合	その施設又は工作物の耐用年数の７/10に相当する年数

		(2) (1)以外の施設又は工作物の設置又は改良の場合	その施設又は工作物の耐用年数の4/10に相当する年数
	共同的施設の設置又は改良のために支出する費用（法基通8－1－4）	(1) その施設がその負担者又は構成員の共同の用に供されるものである場合又は協会等の本来の用に供されるものである場合	イ 施設の建設又は改良に充てられる部分の負担金については，その施設の耐用年数の7/10に相当する年数 ロ 土地の取得に充てられる部分の負担金については，45年
		(2) 商店街等における共同のアーケード，日よけ，アーチ，すずらん灯等負担者の共同の用に供されるとともに併せて一般公衆の用にも供されるものである場合	5年（その施設について定められている耐用年数が5年未満である場合には，その耐用年数）
法令第14条第1項第6号ロ《資産を賃借するための権利金等》に掲げる費用			
	建物を賃借するために支出する権利金等（法基通8－1－5(1)）	(1) 建物の新築に際しその所有者に対して支払った権利金等で当該権利金等の額が当該建物の賃借部分の建設費の大部分に相当し，かつ，実際上その建物の存続期間中賃借できる状況にあると認められるものである場合	その建物の耐用年数の7/10に相当する年数
		(2) 建物の賃借に際して支払った(1)以外の権利金等で，契約，慣習等によってその明渡しに際して借家権として転売できることになっているものである場合	その建物の賃借後の見積残存耐用年数の7/10に相当する年数
		(3) (1)及び(2)以外の権利金等の場合	5年（契約による賃借期間が5年未満である場合において，契約の更新に際して再び権利金等の支払を要することが明らかであるときは，その賃借期間）

	電子計算機その他の機器の賃借に伴って支出する費用 （法基通８－１－５⑵）		その機器の耐用年数の7/10に相当する年数（その年数が契約による賃借期間を超えるときは，その賃借期間）
法令第14条第１項第６号ハ《役務の提供を受けるための権利金等》に掲げる費用			
	ノウハウの頭金等 （法基通８－１－６）		５年（設定契約の有効期間が５年未満である場合において，契約の更新に際して再び一時金又は頭金の支払を要することが明らかであるときは，その有効期間の年数）
法令第14条第１項第６号ニ《広告宣伝用資産を贈与した費用》に掲げる費用			
	広告宣伝の用に供する資産を贈与したことにより生ずる費用 （法基通８－１－８）		その資産の耐用年数の7/10に相当する年数（その年数が5年を超えるときは，5年）
法令第14条第１項第６号ホ《その他自己が便益を受けるための費用》に掲げる費用			
	スキー場のゲレンデ整備費用（法基通８－１－９）		12年
	出版権の設定の対価 （法基通８－１－10）		設定契約に定める存続期間（設定契約に存続期間の定めがない場合には，３年）
	同業者団体等の加入金 （法基通８－１－11）		５年
	職業運動選手等の契約金等（法基通８－１－12）		契約期間（契約期間の定めがない場合には，３年）

（注）1　法人が道路用地をそのまま，又は道路として舗装の上，国又は地方公共団体に提供した場合において，その提供した土地の価額（舗装費を含む。）が繰延資産となる公共施設の設置又は改良のために支出する費用に該当するときは，その償却期間の基礎となる「その施設又は工作物の耐用年数」は15年としてこの表を適用する。

2　償却期間に１年未満の端数があるときは，その端数を切り捨てる。

【令和３年度改正・ＤＸ投資促進税制（の一部）】

青色申告書を提出する事業者で産業競争力強化法に規定する認定事業適応事業者であるものが，産業競争力強化法等の一部を改正する等の法律の施行の日から令和７年３月31日までの間に，情報技術事業適応を実施するために利用するソフトウエアのその利用に係る費用を支出した場合には，その支出した費用に係る繰延資産の額の30％相当額の特別償却と３％（情報技術事業適応のうち産業競争力の強化に著しく資する一定のものを実施するために利用するソフトウエアのその利用に係る費用に係るものについては５％）相当額の特別税額控除（当期の税額の20％相当額を限度）との選択適用ができる（措法42の12の７②⑤）。

第11編　圧縮記帳

1　国庫補助金等の圧縮記帳

範囲	(1) 国又は地方公共団体の補助金又は給付金 (2) 障害者の雇用の促進等に関する法律49条２項（納付金関係業務）に基づく独立行政法人高齢・障害・求職者雇用支援機構の助成金 (3) 福祉用具の研究開発及び普及の促進に関する法律７条１号に基づく国立研究開発法人新エネルギー・産業技術総合開発機構の助成金 (4) 国立研究開発法人新エネルギー・産業技術総合開発機構法15条３号に基づく国立研究開発法人新エネルギー・産業技術総合開発機構の助成金（燃料電池システム等実証研究等に係るもの等） (5) 特定高度情報通信技術活用システムの開発供給及び導入の促進に関する法律29条１号に基づく国立研究開発法人新エネルギー・産業技術総合開発機構の助成金 (6) 国立研究開発法人新エネルギー・産業技術総合開発機構法15条15号に基づく国立研究開発法人新エネルギー・産業技術総合開発機構の供給確保事業助成金 (7) 独立行政法人農畜産業振興機構法10条２号に基づく独立行政法人農畜産業振興機構の補助金 (8) 独立行政法人鉄道建設・運輸施設整備支援機構法13条２項１号から３号までに基づく独立行政法人鉄道建設・運輸施設整備支援機構の補助金 (9) 日本国有鉄道清算事業団の債務等の処理に関する法律附則５条１項１号に基づく独立行政法人鉄道建設・運輸施設整備支援機構の助成金のうち鉄道施設等の整備に充てられるもの (10) 独立行政法人エネルギー・金属鉱物資源機構法11条１項25号に基づく独立行政法人エネルギー・金属鉱物資源機構の供給確保事業助成金 (11) 日本たばこ産業株式会社が交付するたばこ事業法２条２号に規定する葉たばこの生産基盤の強化のための助成金　（法法42・法令79）
圧縮限度額	(1) 固定資産の取得又は改良に充てるための国庫補助金等の交付を受けた場合において，その事業年度終了の時までに交付目的に適合した固定資産の取得又は改良をした場合（国庫補助金等の返還を要しないことが，その事業年度終了の時までに確定した場合に限る。）はその取得又は改良に充てた国庫補助金等の金額（法法42①） (注) 固定資産の取得等の後に国庫補助金等の交付を受けた場合には，その交付を受けた国庫補助金等の全部又は一部の返還を要しないことが確定した日における固定資産の帳簿価額（改良の場合は，その改良に係る部分の帳簿価額）に，①当該固定資産の取得又は改良をするために要した金額のうちに②その返還を要しないこととなった当該国庫補助金等の額の占める割合を乗じて計算した金額とする。 (2) 国庫補助金等の交付に代わるべきものとして交付を受ける固定資産を取得した場合は，その固定資産のその事業年度終了時の時価に相当する金額（法法42②）

特別勘定	(1) 国庫補助金等の交付を受け，その事業年度終了の時までに返還を要しないことが確定していない場合において，国庫補助金等の金額以下の金額を当該事業年度の確定した決算において特別勘定を設ける方法により経理したときは，損金に算入する（法法43①）。 (2) (1)の国庫補助金等について返還すべきこと又は返還を要しないことが確定した場合には，その確定した国庫補助金等に相当する特別勘定の金額を取り崩さなければならない（法法43②）。 （注）ほかに法人が①解散した場合，②合併により消滅した場合の取扱いがある（法令81）。 (3) (2)により取り崩すこととなった金額又は(2)に該当しないで取り崩した金額は，取り崩すこととなった（又は取り崩した）日の属する事業年度の益金に算入する（法法43③）。 (4) (1)の国庫補助金等をもって交付目的に適合した固定資産の取得又は改良をし，かつ，その取得又は改良をした日の属する事業年度以後の事業年度においてその取得又は改良に充てた国庫補助金等の全部又は一部の返還を要しないことが確定した場合においては，次の算式により計算した圧縮限度額の範囲内で，一般の圧縮記帳の場合と同様に損金に算入する（法法44①）。
	全部又は一部の返還を要しないことが確定した日における固定資産の帳簿価額 × (返還を要しないことになった国庫補助金の額) / (固定資産を取得するのに要した額) = 圧縮限度額 （法令82）

2 保険金等で取得した固定資産

保険金等の範囲	次に掲げるもので，所有固定資産の滅失又は損壊のあった日から３年以内にこれらの支払の確定があったもの（法令84，法基通10－５－１） (1) 保険金 (2) 次に掲げる法人が行う共済で固定資産について生じた損害を共済事故とするものに係る共済金 ① 農業協同組合及び同連合会 ② 農業共済組合及び同連合会 ③ 漁業協同組合，水産加工業協同組合及び共済水産業協同組合連合会 ④ 事業協同組合及び事業協同小組合並びに協同組合連合会 ⑤ 生活衛生同業組合及び生活衛生同業組合連合会 ⑥ 漁業共済組合及び漁業共済組合連合会 ⑦ 森林組合連合会 (3) 損害賠償金
	(1) 固定資産の滅失又は損壊により保険金等の支払を受けた場合において，その事業年度終了の時までにその保険金等をもって代替資産を取得（リース取引のうち所有権が移転しないものとして政令で定めるものの取得を

圧縮限度額

除く。）し，損壊資産等を改良した場合は，その取得又は改良に充てた保険金等に係る差益金の額として次の算式により計算した金額（法法47①，法令85）

$$\left(\text{保険金}-\text{滅失等による支出経費}\right)-\left(\text{固定資産の被害直前の帳簿価額のうち被害部分に相当する額}\right)=\text{保険差益金}$$

$$\text{保険差益金}\times\frac{\left(\text{保険金のうち取得又は改良に充てた金額}\right)}{\left(\text{保険金}-\text{滅失等による支出経費}\right)}=\text{圧縮限度額}$$

（注）代替資産等が当該事業年度前の各事業年度において取得又は改良をした減価償却資産である場合には，上記の圧縮限度額に，①当該代替資産等の取得又は改良をするために要した金額のうちに②その保険金等の支払を受ける日における当該代替資産等の帳簿価額（改良の場合は，その改良に係る部分の帳簿価額）の占める割合を乗じて計算した金額とする。

(2) 保険金等に代わるべきものとして代替資産の交付を受けた場合はその代替資産の差益金の額として次の算式により計算した金額（法法47②，法令87）

$$\left\{\left(\text{代替資産の交付を受けたときの価額}\right)-\left(\text{滅失等による支出経費}\right)\right\}-\left(\text{固定資産の被害直前の帳簿価額のうち被害部分に相当する金額}\right)$$

$$=\text{圧縮限度額}$$

支出経費

保険事故により滅失等があった所有固定資産の取壊し費，焼跡の整理費，消防費等のように当該所有固定資産の滅失等に直接関連して支出される経費が含まれるが，類焼者に対する賠償金，けが人への見舞金，被災者への弔慰金等のように当該所有固定資産の滅失等に直接関連しない経費はこれに含まれないものとする（法基通10-5-5）。

(1) 保険金等の支払を受ける法人が，その支払を受ける事業年度の翌事業年度開始の日から2年を経過した日の前日（災害等の場合の特例あり）までの期間内にその保険金等をもって取得又は改良をしようとする場合，次の算式により計算した金額以下の金額を当該事業年度の確定した決算において特別勘定を設ける方法により経理したときは，損金に算入する（法法48①，法令89）。

$$\text{保険差益金}\times\frac{\left(\text{保険金のうち取得又は改良に充てようとする金額}\right)}{\left(\text{保険金}-\text{滅失等による支出経費}\right)}=\text{特別勘定の限度額}$$

(2) (1)の取得又は改良に充てようとするものの全部又は一部に相当する金額をもって取得又は改良した場合には(4)の算式により計算した圧縮限度額に

特別勘定	相当する金額を取り崩さなければならない（法法48②）。 （注）ほかに，①指定期間を経過した日の前日において特別勘定を有している場合，②解散した場合，③合併により消滅した場合の取扱いがある（法令90）。 (3)　(2)により取り崩すこととなった金額又は(2)に該当しないで取り崩した金額は，取り崩すこととなった（又は取り崩した）日の属する事業年度の益金に算入する（法法48③）。 (4)　(1)の期間内に取得又は改良した場合，その固定資産につき，その取得又は改良をした日の属する事業年度において，同日における特別勘定の金額のうちその取得又は改良に充てた保険金等に係るものとして，次の算式により計算した圧縮限度額の範囲内で，一般の圧縮記帳の場合と同様に損金に算入する（法法49①，法令91）。 $$\text{保険差益金} \times \frac{\left(\begin{array}{c}\text{保険金のうち取得又}\\\text{は改良に充てた金額}\end{array}\right)}{\left(\text{保険金} - \begin{array}{c}\text{滅失等によ}\\\text{る支出経費}\end{array}\right)} = \text{圧縮限度額}$$
圧縮記帳する場合の滅失損の計上時期	所有固定資産の滅失等があった場合において，その滅失等により支払を受ける保険金等の額につき，圧縮額の損金算入等の規定の適用を受けようとするときは，当該滅失等による損失の額（滅失等により支出した経費の額を含む。）は，保険金等の額を見積り計上する場合を除き，当該保険金の額が確定するまでは，仮勘定として損金の額に算入しないものとする。ただし，その支払を受ける保険金等が損害賠償金のみである場合には，この限りでない（法基通10－5－2）。

3　交換により取得した資産

対象の範囲	法人が1年以上所有していた固定資産（適格組織再編成により被合併法人，分割法人，現物出資法人又は現物分配法人から移転を受けたもので，被合併法人等と当該法人の有していた期間が1年以上であるものを含む。）のうち， (1)　土地（地上権及び賃借権並びに農地の上に存する耕作権を含む。） (2)　建物（附属する設備及び構築物を含む。） (3)　船舶　(4)　機械及び装置 (5)　鉱業権（租鉱権，採石権等を含む。） と他の者が1年以上所有していた同じ種類の資産を交換する場合（法法50①）
種類と用途の限定	交換とは，それぞれの種類を同じくする資産（相手方が交換のために取得したと認められるものを除く。）と交換し，その交換による取得資産を譲渡資産の譲渡直前の用途と同一の用途に供された場合にのみ認められる（法法50①）。

適用除外	交換時における取得資産の時価と譲渡資産の時価との差額が (1) 取得資産の時価 (2) 譲渡資産の時価 の多い方の$\frac{20}{100}$ を超えるときは，交換として取り扱わず，本法を適用しない（法法50②）。
交換差益（圧縮限度額）	(1) 取得資産のみを取得した場合（法令92①） $\text{取得資産の時価} - \left(\text{譲渡資産の譲渡直前の簿価} + \text{譲渡経費}\right) = \text{交換差益}$ (2) 取得資産と交換差金等とを取得した場合（法令92②一） $\text{取得資産の時価} - \left\{\left(\text{譲渡資産の譲渡直前の簿価} + \text{譲渡経費}\right) \times \frac{\text{取得資産の時価}}{\text{取得資産の時価} + \text{交換差金等}}\right\} = \text{交換差益}$ (3) 譲渡資産とともに交換差金等を交付した場合（法令92②二） $\text{取得資産の時価} - \left(\text{譲渡資産の譲渡直前の簿価} + \text{譲渡経費} + \text{交換差金等}\right) = \text{交換差益}$

4　特定の資産の買換えの場合等の課税の特例（措法65の7～65の9）

特定の地域内にある事業用の土地等，建物等及び日本船舶（譲渡資産）の譲渡をし，一定の要件に該当する土地等，建物等，機械装置及び日本船舶等（買換資産）の取得等をした場合には，その買換資産につき，譲渡益の額の80％の範囲内で圧縮記帳による課税の繰延べができる。

また，特別勘定を設定した場合及び本制度の対象となる譲渡資産を交換した場合についても課税の繰延べができる。

区分	譲渡資産	買換資産
①	**所有期間が10年を超える建物等の既成市街地等の内から外への買換え**	
	既成市街地等内にある次に掲げる資産で，所有期間が10年超のもの イ　事業所（工場，作業場，研究所，営業所，倉庫その他これらに類する施設（福利厚生施設を除く。））の用に供されている建物（その附属設備を含む。） ロ　上記建物等の敷地の用に供されている土地等	既成市街地等以外の地域内にある土地等，建物（その附属設備を含む。以下同じ。）構築物，機械及び装置 （注）農林業用以外のものについては，一定の区域内にあるものに限るものとし，農林業用のものについては，市街化区域以外の地域内にあるものに限る。
②	**航空機騒音障害区域の内から外への買換え**	
	航空機騒音障害区域内の土地等，建物，構築物で一定の場合に譲渡され	航空機騒音障害区域以外の地域内の土地等，建物，構築物，機械及び装置

	譲渡資産	買換資産
	るもの	（注） 農林業用のものについては，市街化区域以外の地域内にあるものに限る。
③ 既成市街地等及びこれに類する一定の区域（人口集中地区）内における土地の計画的かつ効率的な利用に資する施策の実施に伴う土地等の買換え		
	既成市街地等及び一定の人口集中地区の区域内の土地等，建物，構築物	左記の区域内の土地等，建物，構築物，機械及び装置で，都市再開発法による市街地再開発事業に関する都市計画の実施に伴い取得されるもの （注） 市街地再開発事業を施行する再開発会社が取得する一定の資産を除く。
④ 所有期間が10年を超える国内にある土地等，建物又は構築物から国内にある一定の土地等，建物若しくは構築物又は国内にある鉄道事業用車両運搬具への買換え		
	国内にある土地等，建物又は構築物で，所有期間が10年を超えるもの	国内にある土地等（※１），建物，構築物，機械及び装置又は貨物鉄道事業等電気機関車（※２） （※１） 特定施設（事務所等の一定の施設をいう。）の敷地の用に供されるもの（その特定施設に係る事業の施行上必要な駐車場の用に供されるものを含む。）又は駐車場の用に供されるもの（一定の事情があるものに限る。）で，その面積が300㎡以上のものに限る。 （※２） 電気機関車は，令和２年４月１日前に締結した契約に基づき令和４年９月 30日までの間に取得するものに限る。
⑤ 日本船舶から一定の日本船舶への買換え		
	日本船舶（漁業の用に供されるものを除く。）のうち進水の日からその譲渡の日までの期間が，海洋運輸業又は沿海運輸業の用に供されているものは25年，建設業又はひき船業の用に供されているものは35年に満たないもの	日本船舶（環境への負荷の低減に資するものに限る。）

（注）１ 表①の「所有期間が10年を超える建物等の既成市街地等の内から外への買換え」については，令和５年度改正において，この買換え特例制度の適用対象から除外されている（令和５年４月１日前に表①の譲渡資産の譲渡をした場合における令和５年４月１日前に取得等をした表①の買換資産又は令和５年４月１日以後に取得等をする表①の買換資産及びこれらの資産に係る特別勘定又は期中特別勘定（措法65の８①②）については，従前のとおり適用（令和５年改正法附則46①）。

2　表②の「航空機騒音障害区域の内から外への買換え」については，譲渡資産が，防衛施設周辺の生活環境の整備等に関する法律の第二種区域内にある場合の課税繰延割合は70%とされる。令和５年度改正おいて，譲渡資産から，令和２年４月１日前に航空機騒音障害防止特別地区又は公共用飛行場周辺の航空機騒音による障害防止法の第二種区域となった区域内にある資産が適用対象から除外されている。

3　表④の「長期所有の土地，建物等から国内にある土地，建物等への買換え」については，令和５年度改正において，東京都の特別区の区域から地域再生法の集中地域以外の地域への本店等の移転を伴う買換えに係る圧縮割合が90%（改正前：80%）に引き上げられ，同法の集中地域以外の地域から東京都の特別区の区域への本店等の移転を伴う買換えに係る圧縮割合が60%（改正前：70%）に引き下げられた。

《改正後－課税繰延割合（%）》

譲渡資産＼買換資産		集中地域以外の地域		東京都特別区以外の集中地域	東京都特別区	
		本店資産以外	本店資産		本店資産以外	本店資産
集中地域以外の地域	本店資産以外	80	80	75	70	70
	本店資産	80	80	75	70	見直し 60
東京都特別区以外の集中地域		80	80	80	80	80
東京都特別区	本店資産以外	80	80	80	80	80
	本店資産	80	見直し 90	80	80	80

（出典）国税庁資料

4　表⑤の「日本船舶から一定の日本船舶への買換え」については，令和５年度改正において，次の見直しが行われた。

①　外航船舶の見直し

イ　譲渡資産に係る船齢要件を20 年未満（改正前：25年未満）に引き下げる。

ロ　買換資産に係る環境への負荷の低減に係る要件について，建造の後事業の用に供されたことのない国際総トン数１万トン以上の船舶にあっては特定船舶の特別償却制度における事業の経営の合理化及び環境への負荷の低減に係る要件と同様とする等の見直しを行う。

②　内航船舶の見直し

イ　譲渡資産に係る船齢要件を23 年未満（改正前：25年未満）に引き下げる。

ロ　買換資産に係る環境への負荷の低減に係る要件を見直す。

ハ　港湾の作業船について，譲渡資産に係る船齢要件を30年未満（改正前：35年未満）に引き下げた上，譲渡資産から平成23年１月１日以後に建造された船舶を除外する。

ニ　譲渡資産及び買換資産が同一の用途である場合に限定する。

5　先行取得の場合，特定の資産の譲渡に伴い特別勘定を設けた場合の課税の特例及び特定の資産を交換した場合の課税の特例を除き，譲渡資産を譲渡した日又は買換資産を取得した日のいずれか早い日の属する３月期間の末日の翌日以後２月以内に本特例の適用を受ける旨，適用を受けようとする措置の別，取得予定資産又は譲渡予定資産の種類等を記載した届出書を納税地の所轄税務署長に届け出ることが適用要件とされる（令和６年4月1日以後に対象となる譲渡資産の譲渡をして，同日以後に買換資産の取得をする場合について適用）（令和５年改正法附則46③）。

第12編　引当金・準備金

1　貸倒引当金

1　制度の概要等

適用対象法人は，その有する金銭債権（債券に表示されるべきものを除く。）の貸倒れその他これに類する事由による損失の見込額として，損金経理により一定の繰入限度額の金額を貸倒引当金勘定に繰り入れることができる（法法52①②）。

〔適用対象法人〕

①　中小企業者等

中小企業者等に該当するかどうかは，次により判定する。

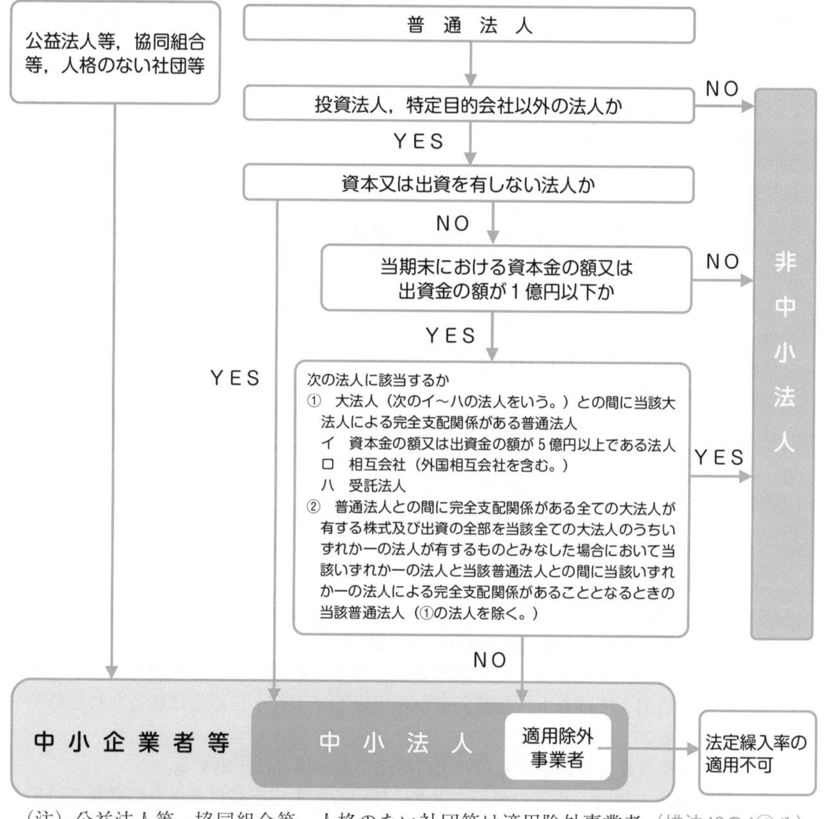

（注）公益法人等，協同組合等，人格のない社団等は適用除外事業者（措法42の4⑲八）の判定は必要ない。

（出典）国税庁資料

②　銀行，保険会社その他これらに準ずる法人

③　金融に関する取引に係る金銭債権を有する一定の法人（上記①②に該当する法人を除く。）

2　個別評価による貸倒引当金

更生計画認可の決定に基づいて，その有する金銭債権の弁済を猶予されるなどの場合において，その一部につき貸倒等の事由による損失が見込まれる一定の金銭債権〔個別評価金銭債権〕につき，繰入事由の区分に応じた繰入限度額（取立て等の見込みがあると認められる部分の金額や実質的に債権とみられない部分の金額を除いて計算）を貸倒引当金に繰り入れるというものである（法法52①，法令96①）。

繰入事由	繰入限度額
①　個別評価金銭債権につき，その債務者について生じた更生計画認可の決定等の事由に基づいてその弁済を猶予され，又は賦払により弁済されること	その事由が生じた日の属する事業年度終了の日の翌日から5年を経過する日までに弁済されることとなっている金額以外の金額
②　個別評価金銭債権に係る債務者につき，債務超過の状態が相当期間継続し，かつ，その営む事業に好転の見通しがないこと等の事由により，その個別評価金銭債権の一部の金額につきその取立て等の見込みがないと認められること（その個別評価金銭債権につき上記①に掲げる事実が生じている場合を除く。）	その取立て等の見込みがないと認められる金額に相当する金額
③　個別評価金銭債権に係る債務者につき更生手続開始の申立て等の事由が生じていること（その個別評価金銭債権につき，上記①に掲げる事実が生じている場合及び上記②に掲げる事実が生じていることにより法法52①の適用を受けた場合を除く。）	その個別評価金銭債権の額（実質的に債権とみられない部分の金額及び取立て等の見込みがあると認められる部分の金額を除く。）の100分の50に相当する金額
④　個別評価金銭債権に係る債務者である外国の政府，中央銀行又は地方公共団体の長期にわたる債務の履行遅滞によりその金銭債権の経済的な価値が著しく減少し，かつ，その弁済を受けることが著しく困難であると認められること	その個別評価金銭債権の額（実質的に債権とみられない部分の金額及び取立て等の見込みがあると認められる部分の金額を除く。）の100分の50に相当する金額

なお，上記**1**③の法人の個別評価金銭債権には，リース債権や質契約の金銭債権，他の事業者からの買取債権，貸金業者の貸付債権等，金融取引に係る金銭債権に限られる（法法52⑨，法令96⑨）。

3　一括評価による貸倒引当金

事業年度末において有する売掛金，貸付金その他これらに準ずる金銭債権（個別評価金銭債権を除く。）〔一括評価金銭債権〕の残高総額に最近における貸倒実績率（又は法定繰入率）を乗じて，一括して繰入限度額を計算し，貸倒引当金に繰り入れるというものである（法法52②，法令96⑥）。

繰入限度額 ＝ 期末一括評価金銭債権の帳簿価額 × **貸倒実績率**

◇「**貸倒実績率**」は，次の算式により，計算する。

$$貸倒実績率=\frac{過去3事業年度における貸倒損失の平均額}{過去3事業年度における一括評価金銭債権の期末残高の平均額}（小数点4位未満切上げ）$$

また，上記**1**①（適用除外事業者を除く。）の法人については，繰入限度額の計算に当たり，上記の実績繰入率に基づく計算に代えて，次の法定繰入率により計算することが認められている（措法57の9）。

$$繰入限度額=\left(期末一括評価金銭債権の帳簿価額-実質的に債権とみられない金額\right)\times \textbf{法定繰入率}$$

◇「**法定繰入率**」は下表のとおり。

卸売業及び小売業（飲食店業及び料理店業を含む。）	製　造　業	金融業及び保険業	割賦販売小売業並びに包括信用購入あっせん業，少額包括信用購入あっせん業及び個別信用購入あっせん業	そ　の　他
$\frac{10}{1000}$	$\frac{8}{1000}$	$\frac{3}{1000}$	$\frac{7}{1000}$	$\frac{6}{1000}$

なお，公益法人等又は協同組合等については，平成29年4月1日から平成31年3月31日までの間に開始する事業年度における一括評価金銭債権に係る貸倒引当金の繰入限度額の計算を，上記のいずれの方法で行った場合であっても，繰入限度額を対象額の110％に相当する金額とすることが認められている（旧措法57の9③）。

（注）　平成31年度改正において，上記の公益法人等又は協同組合等の特例措置は，適用期限の到来をもって廃止された。なお，平成31年4月1日から令和5年3月31日までの間に開始する各事業年度における貸倒引当金の繰入限度額の計算については，旧法による割増率（10％）に対して1年ごとに5分の1ずつ縮小した率による割増しを認める経過措置が講じられている（平成31年改正法附則54）。

【令和2年度改正】

グループ通算制度の創設に伴い，貸倒引当金制度について，完全支配関係がある他の法人に対して有する金銭債権は貸倒引当金の対象となる金銭債権から除外されている（令和4年4月1日以後開始事業年度から適用）。

2　返品調整引当金

制度の概要	(1)　出版業その他一定の事業を営むもののうち，常時，その販売するその棚卸資産の大部分について，販売の際の価額で買戻しする等の特約を結んでいるものが，買戻しによる損失の見込額として，損金経理により返品調整引当金勘定に繰入れた金額については，その金額のうち繰入限度額に達するまでの金額は損金に算入する（旧法法53①）。 (2)　(1)により損金に算入された返品調整引当金の金額は翌事業年度の所得金額の計算上益金に算入する（旧法法53②）。
事業の範囲	返品調整引当金を設けることのできるものは，次の事業（指定事業）を営む法人に限る（旧法令99）。 (1)　出版業（その取次業を含む。） (2)　医薬品（医薬部外品を含む。），農薬，化粧品，既製服の製造業，卸売業 (3)　レコード，磁気音声再生機用レコード又はデジタル式の音声再生機用レコードの製造業，卸売業
適用要件	次に掲げる特約を結んでいるときに限る（旧法令100）。 (1)　法人がその販売先から求めに応じ，その棚卸資産を当初の販売価額によって無条件に返品を買戻す旨の特約 (2)　販売先において，法人から棚卸資産の送付を受けた場合にその注文によるものかどうかを問わずこれを購入する旨の特約
繰入限度額	指定事業の種類ごとに，次の(1)及び(2)のいずれかの方法により計算した金額の合計額（旧法令101①） (1)　事業年度終了日の指定事業に係る売掛金の簿価合計額 ×（返品率）×（売買利益率）＝繰入限度額 (2)　事業年度終了日前２か月間の指定事業に係る棚卸資産の販売の対価の合計額 ×（返品率）×（売買利益率）＝繰入限度額 （注）　1　返品率＝その事業年度とその事業年度前１年間の指定事業の棚卸資産の買戻し対価の合計額 ／ 同上の期間の指定事業の棚卸資産販売対価の合計額（旧法令101②） 2　売買利益率＝(A)－((A)に係る売上原価＋販売手数料) ／ その事業年度の指定事業に係る棚卸資産販売対価の合計額から特約に基づく棚卸資産の買戻しに係る対価の合計額を控除した残額(A)（旧法令101③） 3　「売掛金」及び「棚卸資産」は，長期割賦販売等（旧法法63⑥）の適用を受けたものを除く。（旧法令101①）

【平成30年度改正】

平成30年度改正により返品調整引当金制度は廃止された。
なお，平成30年４月１日において返品調整引当金制度の対象事業を営む法人について，令和３年３月31日までに開始する各事業年度については廃止前の損金算入限度額による引当てを認めるとともに，令和３年４月１日から令和12年３月31日までの間に開始する各事業年度については廃止前の損金算入限度額に対して１年ごとに10分の１ずつ縮小した額の引当てを認めるとの経過措置が講じられている（平成30年改正法附則25）。

（参考）特別勘定の設定

１　災害損失特別勘定
法人が被災資産（注）の修繕等のために要する費用を見積もった場合には，被災事業年度において所定の繰入限度額以下の金額を損金経理により災害損失特別勘定に繰り入れることができる（法基通12−2−6）。
なお，災害のあった日の属する中間事業年度〔被災中間期間〕において仮決算による中間申告書（法法72）を提出する場合には，その被災中間期間において災害損失特別勘定に繰り入れることができる。
（注）「被災資産」とは，次に掲げる資産で災害により被害を受けたものをいう。
① 法人の有する棚卸資産及び固定資産（法人が賃貸をしている資産で，契約により賃借人が修繕等を行うこととされているものを除く。）
② 法人が賃借をしている資産又は販売等をした資産で，契約により当該法人が修繕等を行うこととされているもの

２　返品債権特別勘定
出版業を営む法人のうち，常時，その販売する出版業に係る棚卸資産の大部分につき，一定の特約を結んでいるものが，雑誌（週刊誌，旬刊誌，月刊誌等の定期刊行物をいう。）の販売に関し，その取次業者又は販売業者との間に，次の①及び②に掲げる事項を内容とする特約を結んでいる場合には，その販売した事業年度において繰入限度額以下の金額を損金経理により返品債権特別勘定に繰り入れることができる（法基通9−6−4）。
① 各事業年度終了の時においてその販売業者がまだ販売していない雑誌（当該事業年度終了の時の直前の発行日に係るものを除く。）〔店頭売れ残り品〕に係る売掛金に対応する債務を当該時において免除すること。
② 店頭売れ残り品を当該事業年度終了の時において自己に帰属させること。

3　準備金

<table>
<tr><th>制度名</th><th>概要</th></tr>
<tr><td>海外投資等損失準備金（措法55）</td><td>次の法人（特定法人）の株式等（設立又は増資により取得するものに限る。）の取得をした場合に，その価格の低落による損失に備えるため，取得価額にそれぞれ次の割合を乗じた金額を準備金として積み立てたときは，積立額の損金算入ができる。
①　資源開発事業法人：20%
②　資源開発投資法人：20%
③　資源探鉱事業法人：50%
④　資源探鉱投資法人：50%</td></tr>
<tr><td>中小企業事業再編投資損失準備金（措法56）</td><td>次に掲げる法人が各事業年度において，一定の「措置」として他の法人の株式等の取得(購入による取得に限る。)をし，かつ，これをその取得の日を含む事業年度終了の日まで引き続き有している場合（特定保険契約を締結している場合を除く。）において，株式等の価格の低落による損失に備えるため，その株式等の取得価額に積立割合を乗じて計算した金額以下の金額を発行法人別に中小企業事業再編損失準備金として積み立てたときは，その積み立てた金額は，その事業年度において損金の額に算入する。
①　中小企業者（措法42の4⑲七）（適用除外事業者又は通算適用除外事業者に該当するものを除く。）のうち，中小企業等経営強化法17条1項に規定する経営力向上計画（同条4項2号に掲げる事項の記載があるものに限る。）について認定を受けたもの
<table>
<tr><td>措置</td><td>当該認定に係る経営力向上計画（変更の認定があったときは，その変更後のもの）に従って行う事業承継等（中小企業等経営強化法2条10項8号に掲げる措置に限る。）</td></tr>
<tr><td>割合</td><td>70%</td></tr>
<tr><td>適用除外</td><td>取得した株式等の取得価額が10億円を超える場合</td></tr>
</table>
②　産業競争力強化法24条の2第1項に規定する特別事業再編計画の認定を受けた認定特別事業再編事業者である法人
<table>
<tr><td>措置</td><td>当該認定に係る特別事業再編計画（変更の認定があったときは変更後のもの）に従って行う特別事業再編のための措置（産業競争力強化法2条18項6号に掲げる措置に限る。）</td></tr>
</table>
</td></tr>
</table>

<table>
<tr><th>制度名</th><th>概要</th></tr>
<tr><td></td><td>
<table>
<tr><td>割合</td><td>次に掲げる株式等の区分に応じそれぞれ次に定める割合
①　当該認定特別事業再編計画に従って行う最初の特別事業再編のための措置として取得をした株式等･･･90%
②　上記①に掲げるもの以外の株式等･･･100%</td></tr>
<tr><td>適用除外</td><td>取得した株式等の取得価額が100億円を超える場合又は1億円に満たない場合</td></tr>
</table>
</td></tr>
<tr><td colspan="2">
（参考1）令和6年度改正による中小企業事業再編投資損失準備金の拡充及び延長（経済産業省資料）

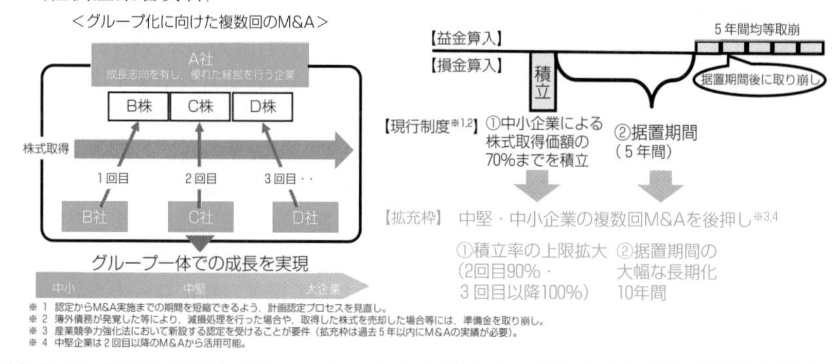

（参考2）制度の適用に当たっては，中小企業庁ＨＰ〔「中小企業事業再編投資損失準備金(中堅・中小グループ化税制)」: https://www.chusho.meti.go.jp/keiei/kyoka/shigenshuyaku_zeisei.html〕を参照されたい。
</td></tr>
<tr><td>特定災害防止準備金（旧措法56）</td><td>廃棄物処理施設の設置の許可を受けた法人が，特定廃棄物最終処分場の埋立処分の終了後における維持管理に要する費用の支出に備えるため，（独）環境再生保全機構に維持管理積立金として積み立てた金額のうち都道府県知事が通知する金額の60%を準備金として積み立てたときは，積立額の損金算入ができる。
（備考）本制度は令和4年度改正において廃止された。なお，令和4年3月31日を含む事業年度終了の日において廃棄物の処理及び清掃に関する法律の廃棄物処理施設の設置許可を受けている法人について，令和6年3月31日以前に開始する各事業年度については改正前の準備金積立率による積立てを認めるとともに，同年4月1日から令和11年3月31日までの間に開始する各事業年度については廃止前の準備金積立率（60%）に対して1年ごとに6分の1ずつ縮小した率による積立てを認める経過措置が講じられてい</td></tr>
</table>

制度名	概要
	る（令和４年改正法附則44）。
特定原子力施設炉心等除去準備金（措法57の４）	廃炉等実施認定事業者が，特定原子力施設に係る炉心等除去費用の支出に充てるため，原子力損害賠償・廃炉等支援機構に廃炉等積立金として積み立てた金額を準備金として積み立てたときは，積立額の損金算入ができる。
保険会社等の異常危険準備金（措法57の５）	損害保険会社又は損害共済事業を行う特定の協同組合等が，異常災害損失の補塡に充てるため，正味収入保険料又は正味収入共済掛金の額に一定の積立率を乗じて計算した金額を準備金として積み立てたときは，積立額の損金算入ができる。
原子力保険又は地震保険に係る異常危険準備金（措法57の６）	損害保険会社が，原子力災害損失又は地震災害損失の補塡に充てるため，原子力保険に係る正味収入保険料の額の50％又は地震保険に係る責任準備金の金額を準備金として積み立てたときは，積立額の損金算入ができる。
関西国際空港用地整備準備金（措法57の７）	指定会社が，関西国際空港の空港用地の整備に要する費用の支出に備えるため，空港用地の取得価額等を基礎として計算した金額を準備金として積み立てたときは，積立額の損金算入ができる。
中部国際空港整備準備金（措法57の７の２）	指定会社が，中部国際空港の整備に要する費用の支出に備えるため，空港用地の取得価額等を基礎として計算した金額を準備金として積み立てたときは，積立額の損金算入ができる。
特定船舶に係る特別修繕準備金（措法57の８）	特定船舶（定期検査を受けなければならない船舶）について行う定期検査を受けるための修繕に要する費用の支出に備えるため，最近の特別修繕に要した費用の額等を基礎として計算した金額を準備金として積み立てたときは，積立額の損金算入ができる。

第13編　グループ法人税制

1　100%グループ内の法人間の資産譲渡等

内国法人（普通法人又は協同組合等に限る。）が**譲渡損益調整資産**を当該内国法人との間に完全支配関係がある他の内国法人（普通法人又は協同組合等に限る。）に譲渡した場合に，その譲渡損益調整資産に係る譲渡利益額又は譲渡損失額に相当する金額について，その譲渡した事業年度の所得の金額の計算上，それぞれ損金の額又は益金の額に算入することにより，その譲渡損益を繰り延べる（法法61の11①）。

◇「**譲渡損益調整資産**」とは，固定資産，土地（土地の上に存する権利を含み，固定資産に該当するものを除く。），有価証券，金銭債権及び繰延資産で次に掲げるもの以外のものをいう（法法61の11①，法令122の14①）。

① 売買目的有価証券

② 譲受法人において売買目的有価証券とされる有価証券

③ その譲渡の直前の帳簿価額が1,000万円に満たない資産

税制措置のイメージ①

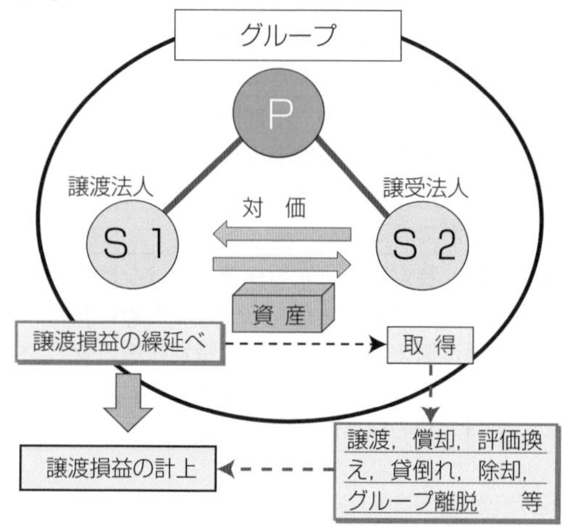

（出典）国税庁資料に基づき作成

この繰り延べた譲渡損益は，当該譲渡損益調整資産を譲り受けた当該他の内国法人において当該譲渡損益調整資産の譲渡，償却等の一定の事由が生じた場合には，当該譲渡損益調整資産を譲渡した法人においてその計上を行うこととなる（法法61の13②）。

2　100%グループ内の法人間の寄附

1　完全支配関係がある法人の間の寄附金の損金不算入

内国法人が各事業年度において当該内国法人との間に法人による完全支配関係がある他の内国法人に対して支出した寄附金の額は，当該内国法人の各事業年度の所得の金額の計算上，損金の額に算入しない（法法37②）。

2 完全支配関係がある法人の間の受贈益の益金不算入

内国法人が各事業年度において当該内国法人との間に法人による完全支配関係がある他の内国法人から受けた受贈益の額は，当該内国法人の各事業年度の所得の金額の計算上，益金の額に算入しない（法法25の２①）。

この受贈益の額は，寄附金，拠出金，見舞金その他いずれの名義をもってされるかを問わず，内国法人が金銭その他の資産又は経済的な利益の贈与又は無償の供与（広告宣伝及び見本品の費用その他これらに類する費用並びに交際費，接待費及び福利厚生費とされるべきものを除く。）を受けた場合における当該金銭の額若しくは金銭以外の資産のその贈与の時における価額又は当該経済的な利益のその供与の時における価額による（法法25の２②）。

3 親法人による子法人の株式の寄附修正

法人が有する当該法人との間に完全支配関係がある法人〔子法人〕の株式等について次に掲げる事由（**寄附修正事由**）が生ずる場合には，以下の算式により計算した金額を利益積立金額及びその寄附修正事由が生じた時の直前の子法人の株式等の帳簿価額に加算する（法令９七，119の３⑥）。

◇ **「寄附修正事由」**

① 子法人が他の内国法人から上記(2)適用がある受贈益の額を受けたこと

② 子法人が他の内国法人に対して上記(1)の適用がある寄附金の額を支出したこと

税制措置のイメージ②

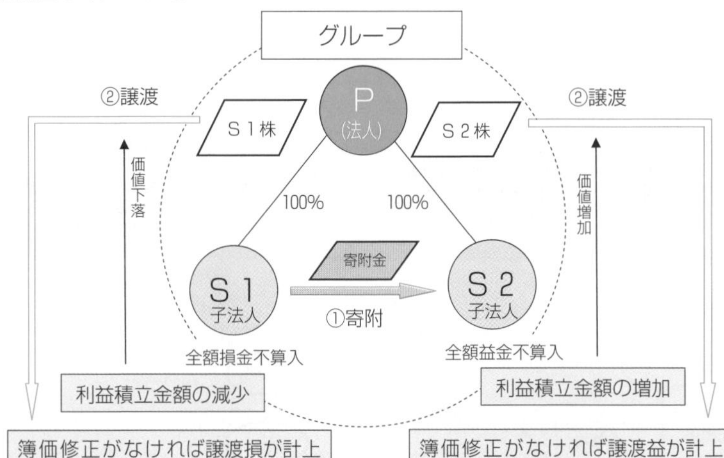

（改正後）

寄附がなされた際に

・Ｓ１株の帳簿価額から寄附金相当額を減算

・見合いの利益積立金額を減少

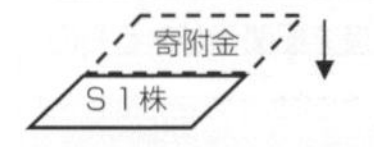

（改正後）

寄附がなされた際に

・Ｓ２株の帳簿価額に寄附金相当額を加算

・見合いの利益積立金額を増加

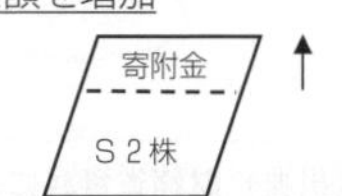

（出典）財務省資料に基づき作成

完全支配関係，支配関係

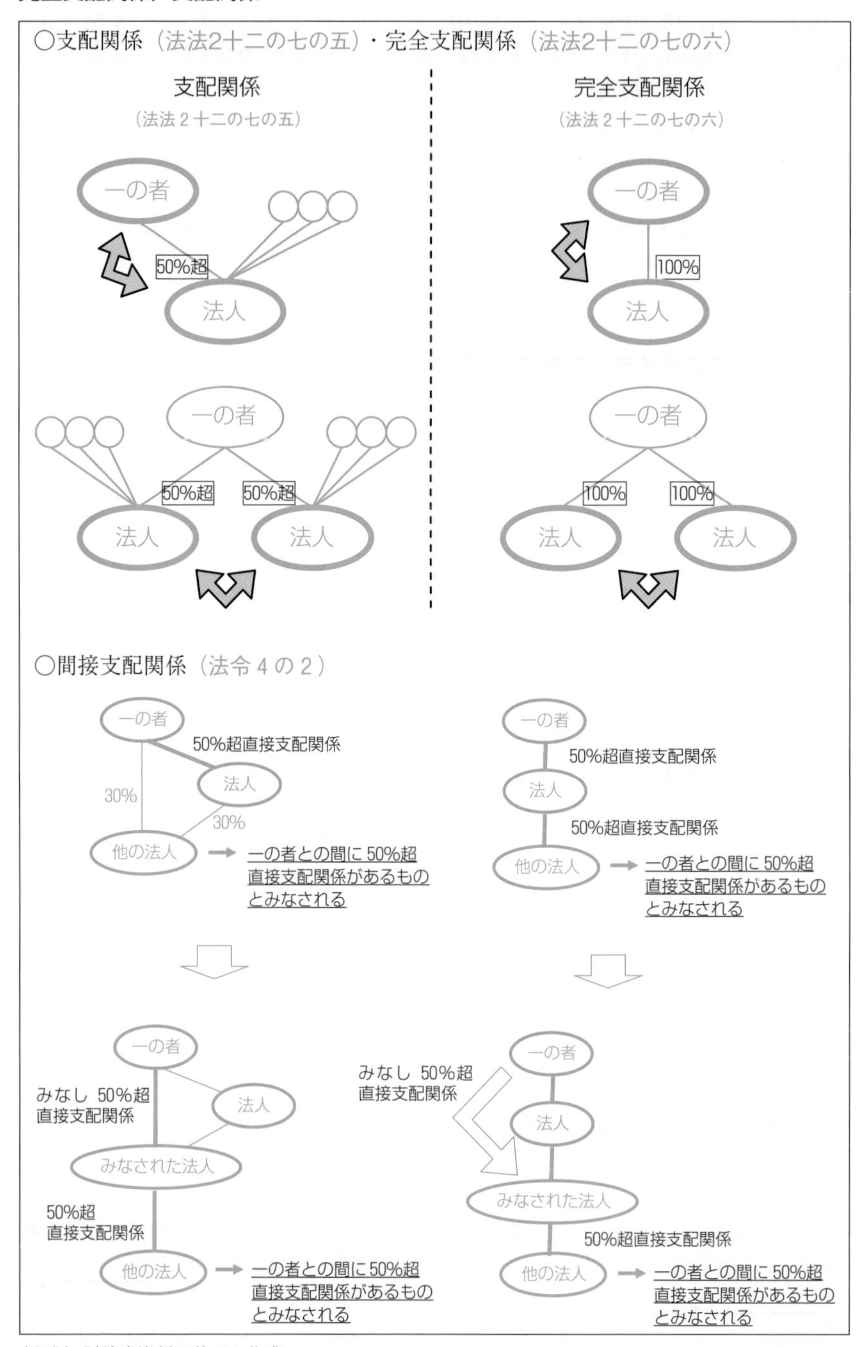

（出典）財務省資料に基づき作成

第14編　組織再編成に係る所得の金額の計算

1　移転資産の譲渡損益（合併・分割・現物出資・現物分配・株式交換等・株式移転）

資産が移転する際にはその移転資産の譲渡損益（株式交換等及び株式移転の場合には時価評価損益）に課税するのが原則であるが，次の組織再編成で，合併法人等の株式のみの交付（合併，分割及び株式交換については，合併法人，分割承継法人又は株式交換完全親法人の100％親法人の株式のみの交付を含む。）をする場合には，移転資産に対する譲渡損益の課税を繰り延べる（法法62～62の５）。

（注）持株割合３分の２以上の関係法人間の合併又は株式交換については対価の制限はない。
無対価の組織再編成についても，一定の場合には課税を繰り延べる。

企業グループ内の組織再編成	共同事業を行うための組織再編成	独立して事業を行うための分割・株式分配
○100％関係の法人間で行う組織再編成 ・100％関係の継続 ○50％超関係の法人間で行う組織再編成 ①50％超関係の継続 ②主要な資産・負債の移転 ③移転事業従業者の概ね 80％が移転先事業に従事（株式交換等・株式移転の場合は完全子法人の従業者の継続従事） ④移転事業の継続（株式交換等・株式移転の場合は完全子法人の事業の継続）	①事業の関連性があること ②(イ)事業規模（売上，従業員，資本金等）が概ね５倍以内　又は (ロ)特定役員への就任（株式交換・株式移転の場合は完全子法人の特定役員の継続） ③左の②～④ ④支配株主（分社型分割・現物出資の場合は分割法人・現物出資法人）による対価株式の継続保有 ⑤関係の継続（株式交換・株式移転のみ）	①他の者による支配関係がないことの継続 ②特定役員への就任（株式分配の場合は完全子法人の特定役員の継続） ③主要な資産・負債の移転 ④移転事業従業者の概ね 80％が移転先事業に従事（株式分配の場合は完全子法人の従業者の継続従事） ⑤移転事業の継続（株式分配の場合は完全子法人の事業の継続）

（参考）組織再編成の類型

合併

（吸収合併）	（新設合併）
会社が他の会社とする合併であって，合併により消滅する会社の権利義務の全部を合併後存続する会社に承継させるものをいう（会社法２二十七）。	二以上の会社がする合併であって，合併により消滅する会社の権利義務の全部を合併により設立する会社に承継させるものをいう（会社法２二十八）。

（注）「合併法人」とは，合併により被合併法人から資産及びの移転を受けた法人をいい（法法２十二），「被合併法人」とは，合併によりその有する資産及び負移転を行った法人をいう（法法２十一）。

分割

（吸収分割）	（新設分割）
株式会社又は合同会社がその事業に関して有する権利義務の全部又は一部を分割後他の会社に承継させることをいう（会社法 2 二十九）。	一又は二以上の株式会社又は合同会社がその事業に関して有する権利義務の全部又は一部を分割により設立する会社に承継させることをいう（会社法 2 三十）。

・「分割型分割」とは，分割の日において，分割に係る分割対価資産の全てが分割法人の株主等に交付される場合の分割をいう（法法 2 十二の九イ）。
・「分社型分割」とは，分割の日において 分割に係る分割対価資産が分割法人の株主等に交付されない場合の分割をいう（法法 2 十二の十イ）。
（注）「分割法人」とは，分割によりその有する資産又は負債の移転を行った法人をいい（法法 2 十二の二），「分割承継法人」とは，分割により分割法人から資産又は負債の移転を受けた法人をいう（法法 2 十二の三）。

現物出資

・「現物出資」とは，株式会社の設立に際し，金銭以外の財産が出資されることをいう（会社法28一）。
・「現物出資法人」とは，現物出資によりその有する資産の移転を行い，又はこれと併せてその有する資産の移転を行い，又はこれと併せてその有する負債の移転を行った法人をいう（法法 2 十二の四）。
・「被現物出資法人」とは，現物出資により現物出資法人から資産の移転を受け，又はこれと併せて負債の移転を受けた法人をいう（法法 2 十二の五）。

現物分配

・「現物分配」とは，法人がその株主等に剰余金の配当等により，金銭以外の財産の交付をすることをいう（法法 2 十二の五の二）。
・「現物分配法人」とは，現物分配によりその有する資産の移転を行った法人をいう（法法 2 十二の五の二）。
・「被現物分配法人」とは，現物分配により現物分配法人から資産の移転を受けた法人をいう（法法 2 十二の五の三）。

株式交換

・「株式交換」とは，株式会社がその発行済株式の全部を他の株式会社等に取得させることをいう（会社法 2 三十一）。
・「株式交換完全親法人」とは，株式交換により他の法人の株式を取得したことによって当該法人の発行済株式の全部を有することとなった法人をいう（法法 2 十二の六の三）。
・「株式交換完全子法人」とは，株式交換によりその株主の有する株式を他の法人に取得させた当該株式を発行した法人をいう（法法 2 十二の六）。

株式移転

・「株式移転」とは，一又は二以上の株式会社がその発行済株式の全部を新たに設立する株式会社に取得させることをいう（会社法 2 三十二）。
・「株式移転完全親法人」とは，株式移転により他の法人の発行済株式の全部を取得した当該株式移転により設立された法人をいう（法法 2 十二の六の六）。
・「株式移転完全子法人」とは，株式移転によりその株主の有する株式を当該株式移転により設立された法人に取得させた当該株式を発行した法人をいう（法法 2 十二の六の五）。

（参考１） 適格現物出資の範囲の見直し（令和６年10月１日以後に行われる現物出資について適用（平成６年改正法附則６））。

① 内国法人が外国法人の本店等に無形資産等の移転を行う現物出資について，適格現物出資の対象から除外する。

（注） 上記の「無形資産等」とは，次に掲げる資産で，独立の事業者の間で通常の取引の条件に従って譲渡，貸付け等が行われるとした場合にその対価が支払われるべきものをいう。

イ 工業所有権その他の技術に関する権利，特別の技術による生産方式又はこれらに準ずるもの（これらの権利に関する使用権を含む。）

ロ 著作権（出版権及び著作隣接権その他これに準ずるものを含む。）

② 適格現物出資への該当性の判定に際し，現物出資により移転する資産等（国内不動産等を除く。）の内外判定は，内国法人の本店等若しくは外国法人の恒久的施設を通じて行う事業に係る資産等又は内国法人の国外事業所等若しくは外国法人の本店等を通じて行う事業に係る資産等のいずれに該当するかによる。

（参考２） パーシャルスピンオフ税制（令和５年度創設，令和６年改正見直し）

産業競争力強化法に規定する事業再編計画の認定を令和５年４月１日から令和10年３月31日までの間に受けた法人が行う現物分配が認定株式分配（同法の認定事業再編計画に従ってする特定剰余金配当をいう。）に該当する場合には，その現物分配のうち完全子法人の株式が移転するものは，株式分配に該当することとし，その株式分配に該当することとされた現物分配のうち，完全子法人の株式のみが移転するものであること，その現物分配の直後にその法人が有する完全子法人の株式の数のその完全子法人の発行済株式の総数のうちに占める割合が100分の20未満となること等の一定の要件に該当するものは，適格株式分配に該当する（措法68の２の２）。

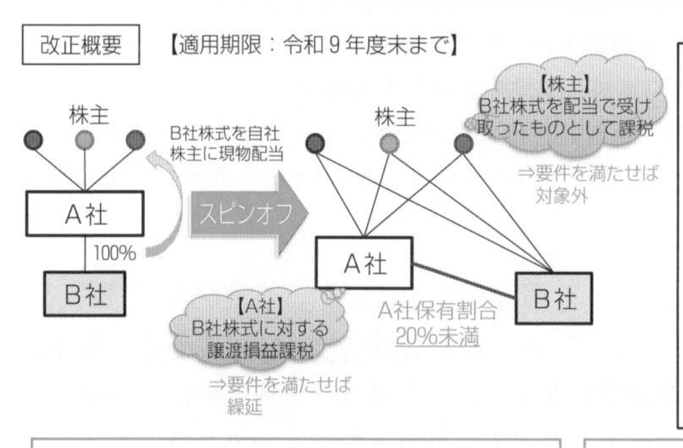

主な適用要件

① スピンオフ後にA社が保有するB社株式発行済株式の20%未満であること

② スピンオフ後にB社の従業者のおおむね90%以上が，その業務に引き続き従事することが見込まれること

③ A社が産業競争力強化法の事業再編計画の認定を受けていること

－ B社の主要な事業として新たな事業活動を行っていること

－ B社の役員に対するストックオプションの付与等の要件を満たすこと　等

事業再編計画の認定要件の見直し	認定を行った事業再編計画の公表時期の見直し
事業再編計画の既存の認定要件に加え，「Ｂ社の主要な事業として新たな事業活動を行っていること」を必須要件とする。	認定を行った事業再編計画について，「原則認定日に公表」としていたが，「計画の開始日までに公表」という運用方針に改めることとする。

（出典） 経済産業省

（参考資料） 経済産業省産業組織課「「スピンオフ」の活用に関する手引」（令和６年５月）

2　株主の課税の取扱い

株主が，合併法人等の株式のみの交付（合併，分割及び株式交換については，合併法人，分割承継法人又は株式交換完全親法人の100％親法人の株式のみの交付を含む）を受けた場合は，旧株の譲渡損益に係る課税を繰り延べる。

3　適格合併等が行われた場合の欠損金額の引継ぎ及び制限

確定申告書を提出する法人を合併法人とする適格合併（法法２十二の八）が行われた場合又はその法人との間に完全支配関係がある他の法人でその法人が発行済株式等の全額又は一部を有するものの残余財産が確定した場合において，その適格合併の日前10年以内に開始し，又は残余財産の確定の日の翌日前10年以内に開始した各事業年度において生じた欠損金額は，それぞれの事業年度の開始の日の属する法人の各事業年度において生じた青色欠損金額とみなす（法法57②）。

ただし，次の①又は②のいずれにも該当しない場合には，合併法人等と被合併法人等の繰越欠損金額が制限される（法法57③）。

① その適格合併が「共同で事業を行うものとして一定の要件」(※)（法令112③）を満たす場合

（※）「共同で事業を行うものとして一定の要件」とは，イ～ニまでの要件又はイ及びホの要件をいう。

イ　事業関連要件

ロ　事業規模要件

ハ　被合併法人等の事業継続要件

ニ　合併法人等の事業継続要件

ホ　特定役員引継要件

②「継続して支配関係がある場合」(※)（法令112④）

（※）「継続して支配関係がある場合」とは，次のイ又はロのいずれかの場合をいう。

イ　適格合併の日の属する事業年度開始の日又は残余財産の確定の日の翌日の属する事業年度開始の日の５年前の日から継続して支配関係がある場合

ロ　被合併法人等又は内国法人が５年前の日後に設立された法人である場合等で，被合併法人等の設立の日又は内国法人の設立の日のいずれか遅い日から継続して支配関係があるとき

4　非適格合併等により移転を受ける資産等に係る調整勘定の損金算入等

非適格合併等(注1)により被合併法人等(注2)から資産又は負債の移転を受けた場合において，移転を受けた法人がその非適格合併等により交付した金銭等の額及び金銭以外の資産の価額の合計額について資産調整勘定又は負債調整勘定が生じるときは，その調整勘定は，原則５年均等で損金算入又は益金算入する（法法62の8，法令123の10）。

（注１）「非適格合併等」とは，非適格合併又は非適格分割等（適格分割又は適格現物出資に該当しない分割，現物出資又は事業の譲受けをいう。）のうち，その非適格分割等に係る分割法人，現物出資法人又は移転法人のその非適格分割等の直前において行う事業及びその事業に係る主要な資産又は負債のおおむね全部がその非適格分割等に係る分割承継法人，被現物出資法人又は事業の譲受けをした法人に移転するものをいう。

（注２）「被合併法人等」とは，被合併法人，分割法人，現物出資法人及び事業の譲受けに係る移転法人をいう。

（参考３） 組織再編税制に関する事前照会に当たって必要な資料（国税庁HPを基に作成）

組織再編税制について事前照会を行う場合には，各国税局の審理課（官）等に対して，組織再編成の具体的な内容や照会事項に対する照会者の見解などについて説明した資料を用意する必要がある。

資料内容として必要な事項は，次のとおりである。

1	組織再編成の概要 ① 組織再編成を行う当事会社の名称 ② 組織再編成の態様（合併，分割，現物出資等） ③ 組織再編成の実行日又は予定日
2	組織再編成の目的・経緯・背景
3	組織再編成の当事会社が行う事業の内容及び組織再編成後の事業の異動状況
4	組織再編成の当事会社に関する次の事項 ① 設立年月日・決算期 ② 資本金 ③ 組織再編成前の株主の状況 ④ 当事会社間の資本関係が発生した時期，発生原因，資本関係の変遷，組織再編成後の資本関係の継続見込み
5	資本関係の変遷等（一連の組織再編成の内容） （※）組織再編成前後の資本関係図を添付する必要がある（例えば，合併の前後に株式譲渡を行う場合や複数回の組織再編成を予定している場合は，組織再編成の全体像を図示すること）。
6	組織再編成に伴い支払う対価の有無とその内容（現金，合併法人株式，合併親法人株式等）
7	引継ぎを受ける未処理欠損金額又は移転を受ける特定引継資産・特定保有資産の内容 （※）未処理欠損金額の引継ぎを受ける場合，各期の明細を記載すること。
8	照会者において確認したい事項
9	照会事項に対する照会者の見解とその理由及び関係法令等

（注） 組織再編成の当事会社間に一定の資本関係がない場合には，上記の事項のほか，組織再編成により移転する事業の継続見込みや移転する事業に関する従業者の従事見込み，当事会社の事業規模（売上金額・従業者数・資本金など），特定役員の継続見込み，株式の継続保有見込みなどについても説明する必要がある。

（備考） 国税庁ＨＰには，これまで照会の多かった事例を基に，次の照会の記載例が収録されている。

（合併の場合）一方の法人による完全支配関係のある法人間で行われる無対価合併の適格判定及び被合併法人が有する未処理欠損金額の引継制限についての照会

（分割の場合）同一の者による完全支配関係のある法人間で行われる無対価分割の適格判定についての照会

（株式交換の場合）同一の者による支配関係のある法人間で行われる株式交換の適格判定についての照会

第15編　その他課税上の特例

1　リース取引に係る所得の計算

法人が行う賃貸借取引のうち，「リース取引」に該当するものについては，リース資産を賃貸人から賃借人への引渡し時にそのリース資産の売買があったものとして，所得計算を行う（法法64の２①）。

法人税法上のリース取引とは，次の要件に該当するものをいう（法法64の２③，法令131の２）。

① 賃貸借期間の中途においてその解除をすることができないもの又はこれに準ずるもの〔中途解約禁止〕

② 賃借人が賃貸借資産からもたらされる経済的な利益を実質的に享受することができ，かつ，その資産の使用に伴って生ずる費用を実質的に負担すべきこととされているもの〔フルペイアウト〕

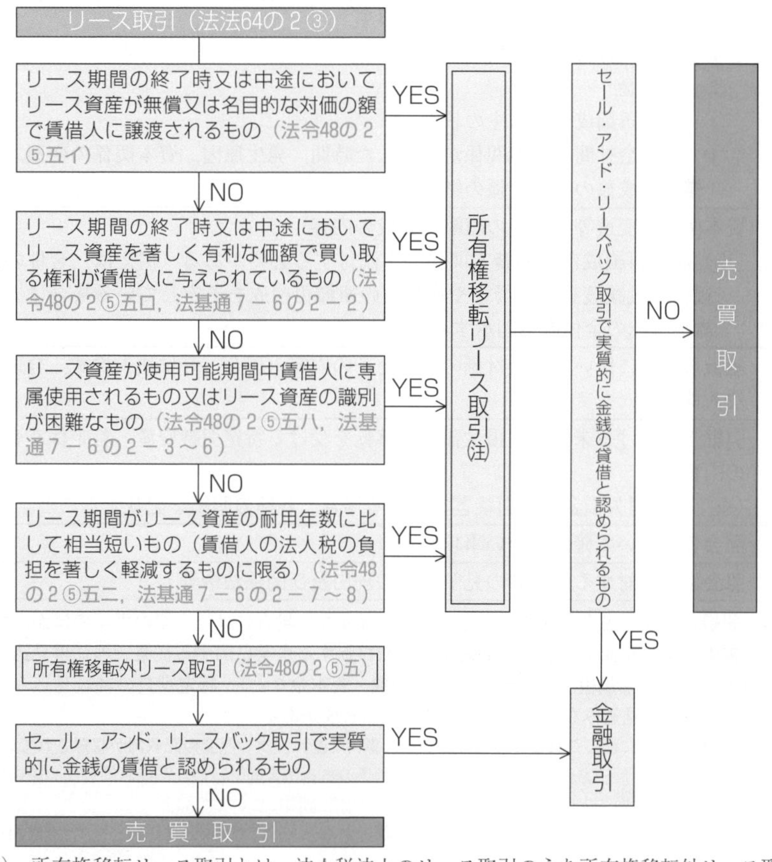

（注）所有権移転リース取引とは，法人税法上のリース取引のうち所有権移転外リース取引以外のリース取引をいう。

(参考)　公益社団法人リース事業協会のHPには，「リース会計税制に関するQ＆A」(https://www.leasing.or.jp/studies/kaikei.html) として，次の参考資料が収録されている。

2014年３月「改正消費税法に関するQ＆A」(Q10～12追加)
2010年１月「リースを利用される方のためのリース会計税制Q＆A」
2010年１月「リース取引の税務上の取扱いに関するQ＆A［法人税編］」
2009年12月「リース取引の税務上の取扱いに関するQ＆A［消費税編］」
2008年11月「賃貸借処理した場合のリース取引の消費税の取扱い」

2　外貨建取引の換算等

1　外貨建取引の円換算

区分		原則	特例
発生時換算法	収益又は資産	取引日における電信売買相場の仲値	取引日の電信買相場(継続適用)
	費用又は負債		取引日の電信売相場(継続適用)
期末時換算法	資産	事業年度終了の日における電信売買相場の仲値	事業年度終了の日の電信買相場(外国通貨の種類が異なるごとに全ての資産について継続適用)
	負債		事業年度終了の日の電信売相場(外国通貨の種類が異なるごとに全ての資産について継続適用)

2　外貨建取引の円換算の特例

①　先物外国為替契約等により外貨建取引によって取得し，又は発生する資産・負債の円換算額を確定させた場合には，その外貨建資産等を先物外国為替契約等の為替相場により円換算するとともに，為替予約差額（その円換算額と取引時の為替相場により換算した金額との差額をいう。）は，外貨建資産等の決済日の属する事業年度までの各事業年度に配分し，益金の額又は損金の額に算入する（法法61の８②，61の10①）。

(配分すべき金額)

$$\text{為替予約差額} \times \frac{\text{(A)のうち当該事業年度の日数}}{\text{契約締結日から決済の日までの日数(A)}} = \text{当該事業年度の益金又は損金額}$$

②　外貨建資産等が短期外貨建資産等（その外貨建資産等のうち，その決済による本邦通貨の受取又は支払の期限が当該事業年度終了の日の翌日から１年を経過した日の前日までに到来するものをいう。）である場合には，その為替予約差額を，当該事業年度の所得の金額の計算上，益金の額又は損金の額に算入する（一括計上）こともできる（法法61の10③）。

3　外貨建資産等の期末換算

<table>
<tr><th colspan="3">外貨建資産等の区分</th><th>換算方法</th></tr>
<tr><td rowspan="2">外貨建債権債務</td><td colspan="2">短期外貨建債権債務</td><td>発生時換算法又は期末時換算法（※）</td></tr>
<tr><td colspan="2">上記以外のもの</td><td>発生時換算法（※）又は期末時換算法</td></tr>
<tr><td rowspan="3">外貨建有価証券</td><td colspan="2">売買目的有価証券</td><td>期末時換算法</td></tr>
<tr><td rowspan="2">売買目的外有価証券</td><td>償還期限及び償還金額の定めがあるもの</td><td>発生時換算法（※）又は期末時換算法</td></tr>
<tr><td>上記以外のもの</td><td>発生時換算法</td></tr>
<tr><td rowspan="2">外貨預金</td><td colspan="2">短期外貨預金</td><td>発生時換算法又は期末時換算法（※）</td></tr>
<tr><td colspan="2">上記以外のもの</td><td>発生時換算法（※）又は期末時換算法</td></tr>
<tr><td colspan="3">外国通貨</td><td>期末時換算法</td></tr>
</table>

（注）　換算方法の選定に関する届出がない場合には※の付した法定の期末換算方法により換算する（法令122の７）。

3　組合事業による損失がある場合の課税の特例

1　民法上の組合契約等による組合事業に係る損失がある場合の課税の特例

組合契約を締結している法人組合員のうち特定組合員（措令39の31②）に該当するものが，その組合契約に係る組合事業について債務を弁済する責任の限度が実質的に組合財産の価額とされている場合等には，その法人の組合損失額のうち調整出資金額（措令39の31⑤）を超える部分の金額に相当する金額〔組合損失超過額〕は，その事業年度の所得の金額の計算上，損金の額に算入しない。

また，その組合事業が実質的に欠損とならないと見込まれるものである場合には，組合損失額に相当する金額の全額は，その事業年度の所得の金額の計算上，損金の額に算入しない（措法67の12①）。

◇「組合契約」とは，①民法667条１項に規定する組合契約，②投資事業有限責任組合契約，③外国における①及び②に類する契約，④外国における有限責任事業組合契約類する契約，⑤匿名組合契約，⑥匿名組合契約に準ずる契約，⑦外国における⑤及び⑥に類する契約をいう（措法67の12③，措令39の31⑪⑫）。

2　有限責任事業組合契約による組合事業に係る損失がある場合の課税の特例

有限責任事業組合契約を締結している法人組合員の組合事業による組合損失額が調整出資金額（措令39の32②）を超える場合には，その超える部分の金額に相当する金額〔組合損失超過額〕は，その事業年度の所得の金額の計算上，損金の額に算入しない（措法67の13①）。

3　組合事業に係る損益

任意組合等の組合事業から生ずる利益等の帰属等	任意組合等において営まれる事業から生ずる利益金額又は損失金額については，各組合員に直接帰属する。 ◇「任意組合等」とは，組合契約（民法667①），投資事業有限責任組合契約（有限責任事業組合契約に関する法律3①）及び有限責任事業組合契約（有限責任事業組合契約に関する法律3①）により成立する組合並びに外国におけるこれらに類するものをいう（法基通14-1-1）。 法人が組合員となっている組合事業に係る利益金額又は損失金額のうち分配割合に応じて利益の分配を受けるべき金額又は損失の負担をすべき金額〔帰属損益額〕は，たとえ現実に利益の分配を受け又は損失の負担をしていない場合であっても，当該法人の各事業年度の期間に対応する組合事業に係る個々の損益を計算して当該法人の当該事業年度の益金の額又は損金の額に算入する。 ただし，当該組合事業に係る損益を毎年1回以上一定の時期において計算し，かつ，当該法人への個々の損益の帰属が当該損益発生後1年以内である場合には，帰属損益額は，当該組合事業の計算期間を基として計算し，当該計算期間の終了の日の属する当該法人の事業年度の益金の額又は損金の額に算入する（法基通14-1-1の2）。 法人が，帰属損益額を各事業年度の益金の額又は損金の額に算入する場合には，次の①の方法により計算する。ただし，法人が次の②又は③の方法により継続して各事業年度の益金の額又は損金の額に算入する金額を計算しているときは，多額の減価償却費の前倒し計上などの課税上弊害がない限り，これを認める（法基通14-1-2）。 ①　当該組合事業の収入金額，支出金額，資産，負債等をその分配割合に応じて各組合員のこれらの金額として計算する方法 ②　当該組合事業の収入金額，その収入金額に係る原価の額及び費用の額並びに損失の額をその分配割合に応じて各組合員のこれらの金額として計算する方法 （注）この方法による場合には，各組合員は，当該組合事業の取引等について受取配当等の益金不算入，所得税額の控除等の規定の適用はあるが，引当金の繰入れ，準備金の積立て等の規定の適用はない。 ③　当該組合事業について計算される利益の額又は損失の額をその分配割合に応じて各組合員に分配又は負担させることとする方法 （注）この方法による場合には，各組合員は，当該組合事業の取引等について，受取配当等の益金不算入，所得税額の控除，引当金の繰入れ，準備金の積立て等の規定の適用はない。

匿名組合契約に係る損益	法人が匿名組合員である場合におけるその匿名組合営業について生じた利益の額又は損失の額については，現実に利益の分配を受け，又は損失の負担をしていない場合であっても，匿名組合契約によりその分配を受け又は負担をすべき部分の金額をその計算期間の末日の属する事業年度の益金の額又は損金の額に算入し，法人が営業者である場合における当該法人の当該事業年度の所得金額の計算に当たっては，匿名組合契約により匿名組合員に分配すべき利益の額又は負担させるべき損失の額を損金の額又は益金の額に算入する（法基通14-1-3）。

4　特許権等の譲渡等による所得の課税の特例

青色申告書を提出する法人が，令和7年4月1日から令和14年3月31日までの間に開始する各事業年度〔対象事業年度〕において，特許権譲渡等取引を行った場合には，次に掲げる金額のうちいずれか少ない金額の30％相当額の所得控除を認める（措法59の3）。

①　次に掲げる場合の区分に応じそれぞれ次に定める金額

区　分	金　額
イ　その法人がその対象事業年度において行った特許権譲渡等取引に係る特定特許権等のいずれについてもその特定特許権等に直接関連する研究開発に係る研究開発費の額として一定の金額がその法人の令和7年4月1日前に開始した事業年度において生じていない場合又はその対象事業年度が令和9年4月1日以後に開始する事業年度である場合	その対象事業年度において行った特許権譲渡等取引ごとに，(イ)に掲げる金額に(ロ)に掲げる金額のうちに(ハ)に掲げる金額の占める割合（(ロ)に掲げる金額が零である場合には，零）を乗じて計算した金額を合計した金額 (イ)　その特許権譲渡等取引に係る所得の金額として一定の金額 (ロ)　その対象事業年度及びその対象事業年度前の各事業年度（令和7年4月1日以後に開始する事業年度に限る。）において生じた研究開発費の額のうち，その特許権譲渡等取引に係る特定特許権等に直接関連する研究開発に係る金額として一定の金額の合計額 (ハ)　(ロ)に掲げる金額に含まれる適格研究開発費の額の合計額
ロ　イに掲げる場合以外の場合	(イ)に掲げる金額に(ロ)に掲げる金額のうちに(ハ)に掲げる金額の占める割合((ロ)に掲げる金額が零である場合には,零)を乗じて計算した金額 (イ)　その対象事業年度において行った特許権譲渡等取引に係る所得の金額として一定の金額の合計額 (ロ)　その対象事業年度及びその対象事業年度開始の日前2年以内に開始した各事業年度において生じた研究開発費の額の合計額

	(ハ) (ロ)に掲げる金額に含まれる適格研究開発費の額の合計額

② 当期の所得の金額

(注1) 「特定特許権等」とは，令和6年4月1日以後に取得又は製作をした特許権及び人工知能関連技術を活用したプログラムの著作権で，一定のものをいう。

(注2) 「研究開発費の額」とは，研究開発費等に係る会計基準における研究開発費の額に一定の調整を加えた金額をいう。

(注3) 「適格研究開発費の額」とは，研究開発費の額のうち，特定特許権等の取得費及び支払ライセンス料，国外関連者に対する委託試験研究費並びに国外事業所等を通じて行う事業に係る研究開発費の額以外のものをいう。

なお，その法人が，各事業年度において，その法人に係る関連者との間で特許権譲受等取引を行った場合に，その特許権譲受等取引につきその法人がその関連者に支払う対価の額が独立企業間価格に満たないときは，その法人のその事業年度以後の各事業年度における本制度の適用については，その特許権譲受等取引は，独立企業間価格で行われたものとみなす。

(参考1) イノベーション拠点税制（イノベーションボックス税制）のイメージ等（経済産業省資料）

イノベーション拠点税制（イノベーションボックス税制）のイメージ

（※1）産業競争力強化法において新設する規定により確認。

：課税所得全体

：本税制の対象となる所得

企業が主に「国内で」，「自ら」開発した知財に限る（※1）

特許権等

ライセンス所得

譲渡所得

所得控除 30% 圧縮

対象所得について，29.74%から約20%相当まで引下げ（法人実効税率ベース）

<各国の導入状況（※2）（括弧内は導入年数）>

フランス（2001），ベルギー（2007），オランダ（2007），中国（2008），スイス（2011），イギリス（2013），韓国（※3）（2014），アイルランド（2016），インド（2017），イスラエル（2017），シンガポール（2018），香港（2024目標），オーストラリア（検討中）

（※2）米国には，無形資産由来の所得に係る制度として，FDII，GILTIが存在（※3）韓国では中小企業を対象とした制度

(参考2) イノベーション拠点税制（イノベーションボックス税制）の概要（経済産業省資料）

- 措置期間：7年間(令和7年4月1日施行)
- 所得控除率：30%
- 所得控除額算定式

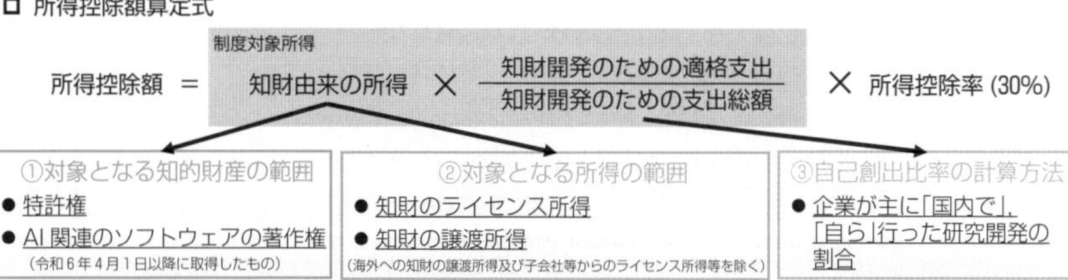

※ 本税制の対象範囲については，制度の執行状況や効果を十分に検証した上で，国際ルールとの整合性，官民の事務負担の検証，立証責任の所在等諸外国との違いや体制面を含めた税務当局の執行可能性等の観点から，財源確保の状況も踏まえ，状況に応じ，見直しを検討する。

5　株式等を対価とする株式の譲渡に係る所得の計算の特例

法人が，その有する株式〔所有株式〕を発行した他の法人を株式交付子会社とする株式交付によりその所有株式を譲渡し，その株式交付に係る株式交付親会社の株式の交付を受けた場合（その株式交付により交付を受けた株式交付親会社の株式の価額が交付を受けた金銭の額及び金銭以外の資産の価額の合計額のうちに占める割合が80％に満たない場合を除く。）には，その譲渡した所有株式（交付を受けた株式交付親会社の株式に対応する部分に限る。）の譲渡損益を計上しない（措法66の２の２）。

（注）１　株式交付親会社の確定申告書の添付書類に株式交付計画書及び株式交付に係る明細書を加えるとともに，その明細書に株式交付により交付した資産の数又は価額の算定の根拠を明らかにする事項を記載した書類を添付する。

２　外国法人の本措置の適用については，その外国法人の恒久的施設において管理する株式に対応して株式交付親会社の株式の交付を受けた部分に限る。

３　令和５年10月１日以後に行われる株式交付については，株式交付の直後の株式交付親会社が一定の同族会社に該当する場合について，特例措置から除外される（令和５年改正法附則47）。

（参考）制度の概要

○会社法改正で創設された株式交付制度を用い，買収会社が自社の株式を買収対価としてM&Aを行う際の対象会社株主の株式譲渡益の課税を繰り延べる（株の売却時に課税）。

○実効的な制度とするため，事前認定を不要とし，現金を対価の一部に用いるものも対象とする（総額の20％まで）とともに，恒久的な制度として創設する。

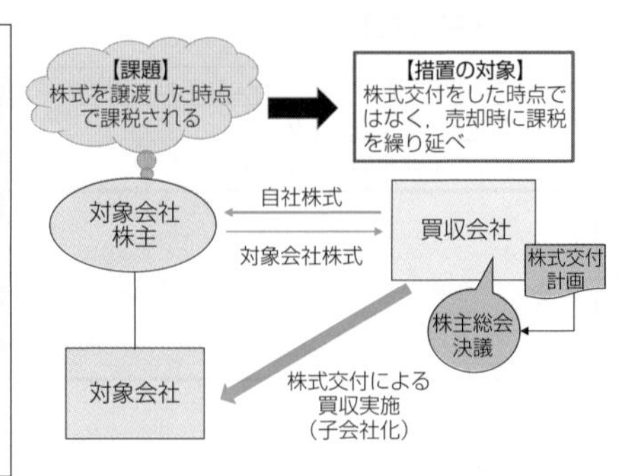

（出典）経済産業省資料に基づき作成

6　内国法人の外国関係会社に係る所得の課税の特例（外国子会社合算税制）

1　制度の概要

内国法人の**外国関係会社**を利用した租税回避へ対応するために，一定の条件に該当する外国関係会社の所得は，内国法人の所得に合算して課税される（措法66の６）。

なお，合算課税による二重課税を調整するため，内国法人が合算課税の適用を受ける場合には，外国関係会社の所得に対して課される外国法人税等のうち合算対象とされた金額に対応するものとして計算した金額は税額控除の対象とし，内国法人が外国関係会社から受ける配当等のうち合算対象とされた金額に達するための金額は，内国法人の所得の金額の計算上益金の額に算入しない（措法66の７，66の８）。

◇「**外国関係会社**」は，次の①又は②に掲げる外国法人をいう（措法66の６②一）。

① 居住者等株主等（居住者・内国法人・特殊関係非居住者・実質支配されている外国法人）の外国法人（実質支配されている外国法人を除く。）に係る**直接・間接の持株割合等**が50％を超える場合におけるその外国法人

◇「**直接・間接の持株割合等**」は，株式等の数・金額，議決権の数，株式等の請求権に基づき受けることができる剰余金の配当等の額に基づき計算される。

② 居住者又は内国法人との間に実質支配関係がある外国法人

③ 一定の特定外国金融機関

（参考）令和５年度改正

① 特定外国関係会社に係る会社単位の合算課税の適用を免除する租税負担割合の基準を27％以上（改正前：30％以上）に引き下げる。

② 確定申告書に添付することとされている外国関係会社に関する書類の範囲から添付不要部分対象外国関係会社（租税負担割合が20％未満である部分対象外国関係会社のうち，次のいずれかに該当する事実があるものをいう。）に関する書類を除外するとともに，その書類を保存するものとする。

イ 各事業年度における部分適用対象金額又は金融子会社等部分適用対象金額が2,000万円以下であること。

ロ 各事業年度の決算に基づく所得の金額に相当する金額のうちにその各事業年度における部分適用対象金額又は金融子会社等部分適用対象金額の占める割合が５％以下であること。

（注） 上記の改正は，内国法人の令和６年４月１日以後に開始する事業年度に係る課税対象金額，部分課税対象金額及び金融子会社等部分課税対象金額を計算する場合について適用する（令和５年改正法附則35，48）。

2　適用を受ける内国法人（納税義務者）

この制度の納税義務者となる内国法人は，次に掲げる内国法人とされている（措法66の６①一～四）。

① 内国法人の外国関係会社に対する直接・間接の株式等保有割合が10％以上である内国法人

② 外国関係会社との間に実質支配関係がある内国法人

③　内国法人との間に実質支配関係がある外国関係会社の他の外国関係会社に対する直接・間接の株式等保有割合が10％以上である場合における当該内国法人（①に掲げる内国法人を除く。）

④　直接・間接の株式等保有割合が10％以上である一の同族株主グループに属する内国法人（直接・間接の株式等保有割合が零を超えるものに限り，①及び③に掲げる内国法人を除く。）

○外国子会社合算税制の仕組み

・　外国子会社等の実質的活動のない事業から得られる所得に相当する金額について，内国法人等の所得に合算して課税。
・　事務負担に配慮し，外国子会社等の租税負担割合が一定以上の場合には，本税制の適用を免除。

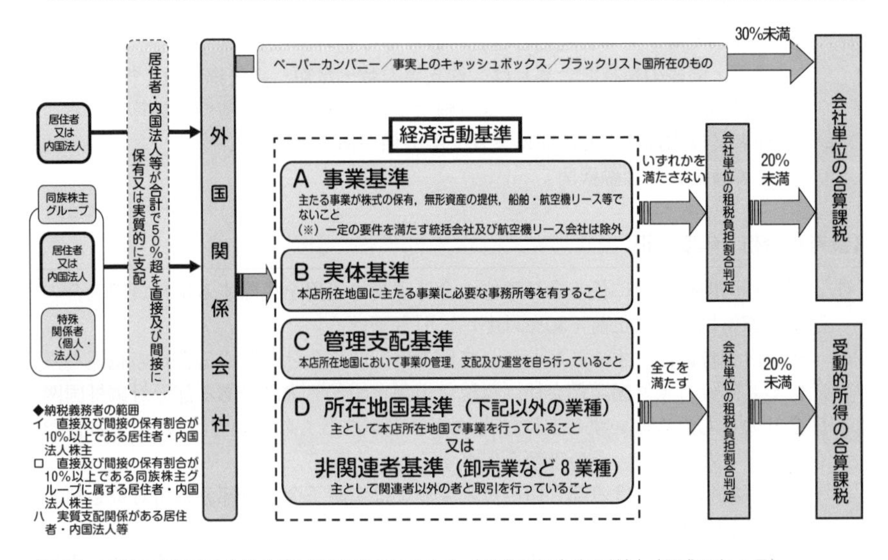

（出典）国税庁「外国子会社合算税制に関するＱ＆Ａ（平成29年度改正等）」（平成30年１月）

3　特定外国関係会社又は対象外国関係会社の適用対象金額に係る合算課税（外国関係会社単位の合算課税）

⑴　制度の概要

外国関係会社の発行済株式等の10％以上を有する等の要件を満たす内国法人に係る外国関係会社のうち，特定外国関係会社又は対象外国関係会社に該当するものの所得に相当する金額のうちその内国法人が直接及び間接に有するその特定外国関係会社又は対象外国関係会社の株式等の数又は金額につきその請求権の内容を勘案した数又は金額並びにその内国法人とその特定外国関係会社又は対象外国関係会社との間の実質支配関係の状況を勘案して計算した金額に相当する金額は，その内国法人の収益の額とみなして各事業年度終了の日の翌日から2 月を経過する日を含むその内国法人の各事業年度の所得の金額の計算上，益金の額に算入する（措法66の６①）。

(2) 合算課税の適用免除

① 対象外国関係会社の適用対象金額に係る適用免除

対象外国関係会社については，各事業年度の租税負担割合が20％以上の場合におけるその事業年度に係る適用対象金額について，合算課税の適用が免除される（措法66の6⑤二）。

② 特定外国関係会社の適用対象金額に係る適用免除

特定外国関係会社については，各事業年度の租税負担割合が30％以上の場合におけるその事業年度に係る適用対象金額について，合算課税の適用が免除される（措法66の6⑤一）。

4 部分適用対象金額に係る合算課税（部分合算課税）

部分対象外国関係会社（外国金融子会社等に該当するものを除く。）の特定所得の金額に係る部分適用対象金額のうち内国法人が有する部分対象外国関係会社の株式等の数又は金額につきその請求権の内容を勘案した数又は金額及びその内国法人と部分対象外国関係会社との間の実質支配関係の状況を勘案して計算した金額に相当する金額は，その内国法人の収益の額とみなして各事業年度終了の日の翌日から２月を経過する日を含むその内国法人の各事業年度の所得の金額の計算上，益金の額に算入する（措法66の6⑥）。

なお，次のいずれかに該当する場合には，部分合算課税の適用は免除される（措法66の6⑩）。

① 租税負担割合基準

各事業年度の租税負担割合が20％以上であること（措法66の6⑩一）。

② 少額免除基準

イ 各事業年度における部分適用対象金額又は金融子会社等部分適用対象金額が2,000万円以下であること（措法66の6⑩二）。

ロ 各事業年度の決算に基づく所得の金額に相当する金額のうちにその各事業年度における部分適用対象金額又は金融子会社等部分適用対象金額の占める割合が５％以下であること（措法66の6⑩三）。

7 移転価格税制（概要）

(1) 法人が，国外関連者（外国法人で，当該法人との間にいずれか一方の法人が他方の法人の発行済株式又は出資の総数又は総額の50％以上の数又は金額の株式又は出資を直接・間接に保有する関係その他の特殊の関係のあるものをいう。）との間で資産の販売，資産の購入，役務の提供その他の取引を行った場合に，その取引〔国外関連取引〕につき，その法人が国外関連者から支払を受ける対価の額が独立企業間価格に満たないとき，又はその法人が国外関連者に支払う対価の額が独立企業間価格を超えるときは，その国外関連取引は，独立企業間価格で行われたものとみなして，その法人の各事業年度の所得に係る法人税に関する法令の規定を適用する（措法66の4①）。

(2) 法人が各事業年度において支出した寄附金の額のうち国外関連者に対するもの（恒久的施設を有する外国法人である国外関連者に対する寄附金の額でその国外関

連者の各事業年度の国内源泉所得（法法141一イ）係る所得の金額の計算上益金の額に算入されるものを除く。）は，各事業年度の所得の金額の計算上，損金の額に算入しない（措法66の4③）。

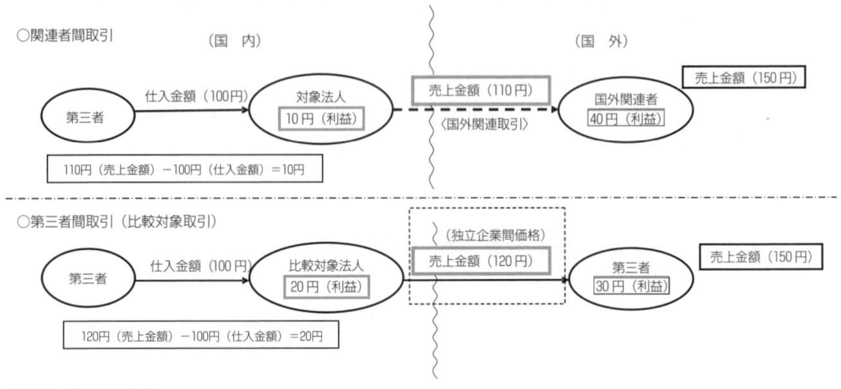

（出典）財務省資料

（参考資料）国税庁「移転価格ガイドブック～自発的な税務コンプライアンスの維持・向上に向けて～」
国税庁「移転価格事務運営要領の制定について（事務運営指針）」
国税庁「移転価格税制の適用に当たっての参考事例集」

8　過少資本税制（概要）

海外の関連企業との間において，出資に代えて貸付けを多くすることによる租税回避を防止するため，外国親会社等の資本持分の一定倍率（原則として3倍）を超える負債の平均残高に対応する支払利子の損金算入は認められない（措法66の5）。

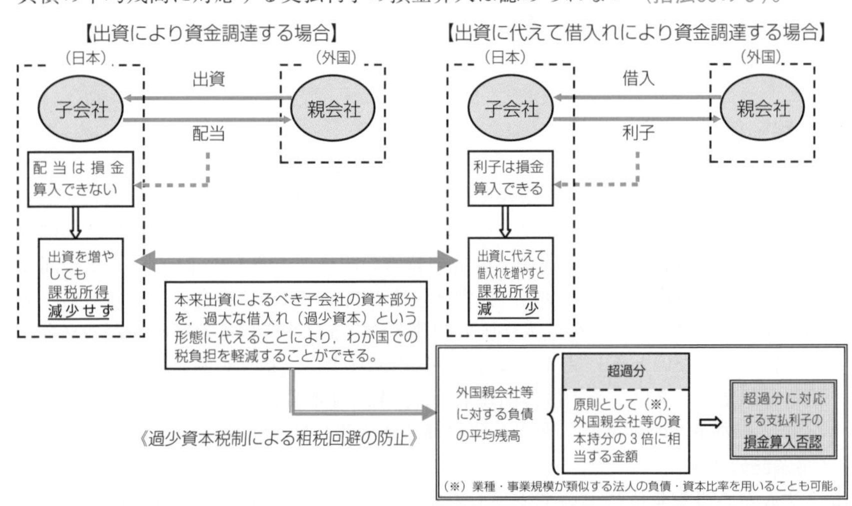

（出典）財務省資料

9　過大支払利子税制（概要）

所得金額に比して過大な利子を支払うことを通じた租税回避を防止するため，対象純支払利子等の額(注) のうち調整所得金額の一定割合（20%）を超える部分の金額については当期の損金の額に算入しない（措法66の５の２）。

（注）「対象純支払利子等の額」とは，対象支払利子等の額の合計額からこれに対応する受取利子等の額の合計額を控除した残額をいう。対象支払利子等の額とは，支払利子等の額のうち対象外支払利子等の額（その支払利子等を受ける者の課税対象所得に含まれる支払利子等の額等）以外の金額をいう。

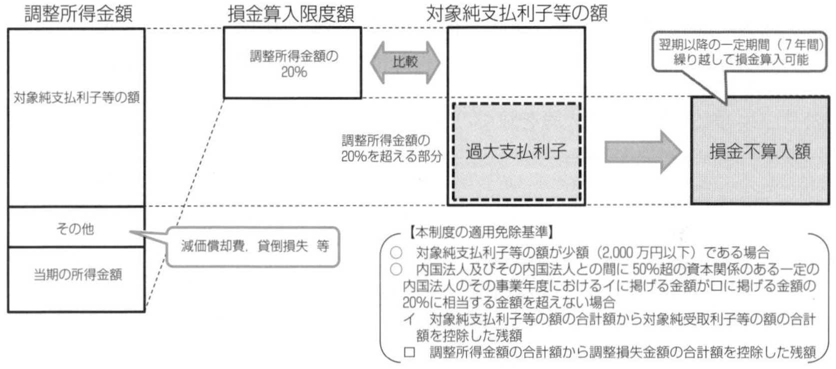

（出典）財務省資料

第16編　税額の計算

1　各事業年度の所得に対する法人税率等一覧表

法人の区分＼事業年度		平成30年４月１日以後開始事業年度
中小法人以外の普通法人		23.2%
中小法人，一般社団法人等又は人格のない社団等	年800万円以下の所得	15%
	年800万円超の所得	23.2%
公益法人等（一般社団法人等を除く。）	年800万円以下の所得	15%
	年800万円超の所得	19%
協同組合等	年800万円以下の所得	15%
	年800万円超の所得	19%

※１　「中小法人」とは，普通法人のうち各事業年度終了の時において資本金の額若しくは出資金の額が１億円以下であるもの又は資本若しくは出資を有しないものをいう（法法66②）。ただし，各事業年度終了の時において次の法人に該当するものについては中小法人から除外される（法法66⑤）。

①　保険業法に規定する相互会社

②　大法人（次に掲げる法人をいう。）との間にその大法人による完全支配関係（法法２十二の七の六）がある普通法人

イ　資本金の額又は出資金の額が５億円以上である法人

ロ　相互会社等

ハ　受託法人（法法４の７）

③　普通法人との間に完全支配関係がある全ての大法人が有する株式及び出資の全部をその全ての大法人のうちいずれか一の法人が有するものとみなした場合においてそのいずれか一の法人とその普通法人との間にそのいずれか一の法人による完全支配関係があることとなるときのその普通法人

④　投資法人　　⑤　特定目的会社　　⑥　受託法人

２　「一般社団法人等」とは，法人税法別表第二に掲げる非営利型法人である一般社団法人・一般財団法人（法法２九の二）及び公益社団法人・公益財団法人をいう。

３　事業年度の期間が１年未満の法人については，年800万円とあるのは，800万円×その事業年度の月数／12として計算する（法法66④）。

４　上記表中「年800万円以下の所得」の税率「15%」は，令和７年３月31日まで間の特例措置である（措法42の３の２）。

（注）　適用除外事業者（その事業年度開始の日前３年以内に終了した各事業年度の所得金額の年平均額が15億円を超える法人等をいう。）（措法42の４⑲八）に該当するものは適用できない。

５　法人税の納税義務がある法人は，各課税事業年度の課税標準法人税額に対して10.3%（令和１年10月１日前開始事業年度は4.4%）の税率で地方法人税が課される。

（参考１）グローバル・ミニマム課税〔第二の柱〕の導入（令和５年度改正）

グローバル・ミニマム課税は，年間総収入金額が7.5億ユーロ（約1,100億円）以上の多国籍企業を対象として，一定の適用除外所得を除き，各国ごとに最低税率15％以上の課税を確保する仕組み。

令和５年度改正において，特定多国籍企業グループ等に属する内国法人の各対象会計年度の国際最低課税額について，各対象会計年度の国際最低課税額に対する法人税が課されることとされた（令和６年４月１日以後に開始する対象会計年度について適用）（法法６の２，15の２，令和５年改正法附則11）。

【所得合算ルールのイメージ】（財務省資料）

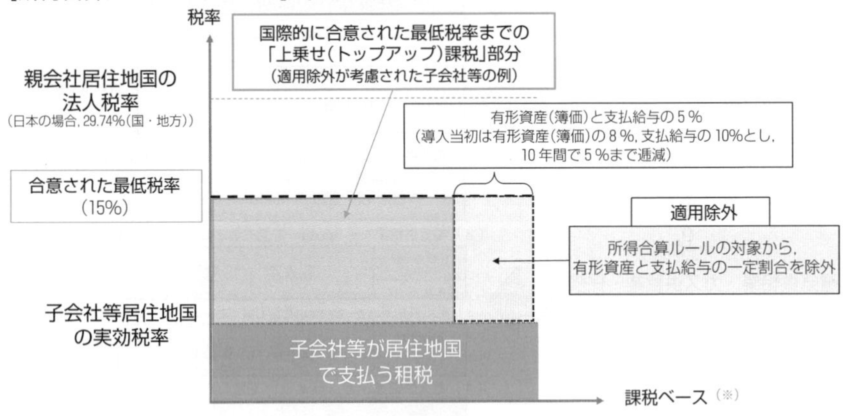

（※）所得合算ルールの課税ベースは，調整された財務諸表の税引前利益を使用

（備考）制度の適用に当たっては，国税庁「各対象会計年度の国際最低課税額に対する法人税に関するＱ＆Ａ」（令和５年12月）を，また，令和６年度改正の概要については，国税庁「令和６年度法人税関係法令の改正の概要」（50～55頁）を参照されたい。

（参考２）地方税率一覧表

１　法人住民税

⑴　均等割

資本金等の額	道府県民税（均等割）	市町村民税（均等割）	
		従業者数50人超	従業者数50人以下
１千万円以下	2万円	12万円	5万円
１千万円超１億円以下	5万円	15万円	13万円
１億円超　10億円以下	13万円	40万円	16万円
10億円超　50億円以下	54万円	175万円	41万円
50億円超	80万円	300万円	41万円

（注）市町村民税（均等割）については，制限税率（1.2倍）が定められている。

(2) 法人税割

道府県民税（法人税割）	市町村民税（法人税割）
1.0%（制限税率 2.0%）	6.0%（制限税率　8.4%）

（注）税率は，令和１年10月１日以後開始事業年度に適用

2　事業税

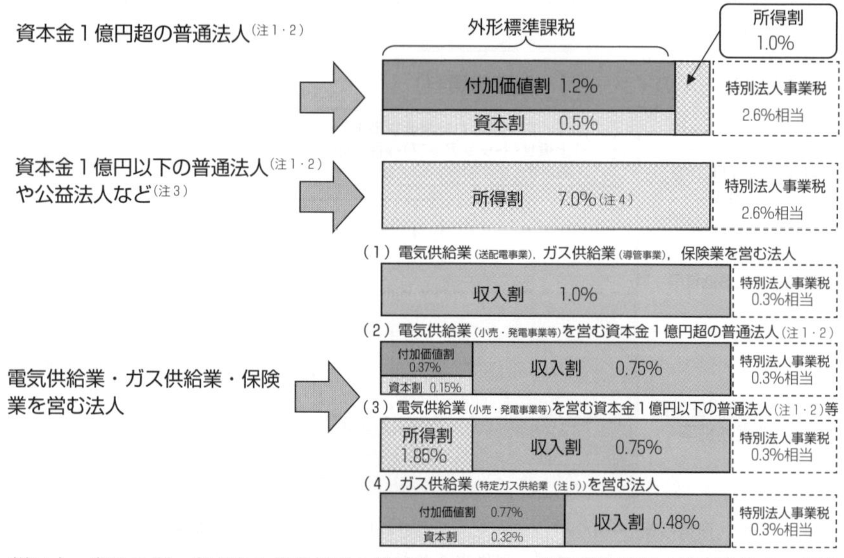

（注１）　当分の間，資本金１億円以下の普通法人のうち，当該事業年度の前事業年度に外形標準課税の対象であった法人であって，当該事業年度に資本金と資本剰余金の合計額が10億円を超えるものは外形標準課税対象法人。（令和７年４月１日施行）

（注２）　資本金１億円以下の普通法人のうち，資本金と資本剰余金の合計額が50億円を超える法人又は相互会社・外国相互会社の100％子法人等であって，資本金と資本剰余金の合計額が２億円を超えるものは外形標準課税対象法人。（令和８年４月１日施行）

（注３）　特別法人（農協・漁協・医療法人等）については，所得割：4.9%，特別法人事業税：所得割額の34.5%の税率が適用される。

（注４）　所得割の税率は年800万円を超える所得金額に適用される税率。なお，法人事業税の制限税率は，標準税率の1.2倍（資本金１億円超の普通法人の所得割については，標準税率の1.7倍）。

（注５）　特定ガス供給業とは，導管部門の法的分離の対象となる法人の供給区域内でガス製造事業を行う者が行うガス供給業（導管事業を除く）をいう。その他のガス供給業（導管事業を除く）については，他の一般の事業と同様の課税方式

（出典）総務省自治税務局資料

【外形標準課税の適用対象法人の見直し（令和６年度改正）】（総務省資料）

1　減資への対応

○ 外形標準課税について，現行基準（資本金１億円超）を維持する。

○ ただし，当分の間，前事業年度に外形標準課税の対象であった法人であって，当該事業年度に資本金１億円以下で，資本金と資本剰余金の合計額が10億円を超えるものは，外形標準課税の対象とする。

⇒ 改正前に外形標準課税の「対象外」である法人については，現行基準や「２．100％子法人等への対応」の基準に該当しない限り，引き続き外形標準課税の「対象外」。

⇒ 改正後に新設される法人についても，現行基準等に該当しない限り，外形標準課税の「対象外」。

※外形法人・非外形法人の判定は事業年度末に行う。

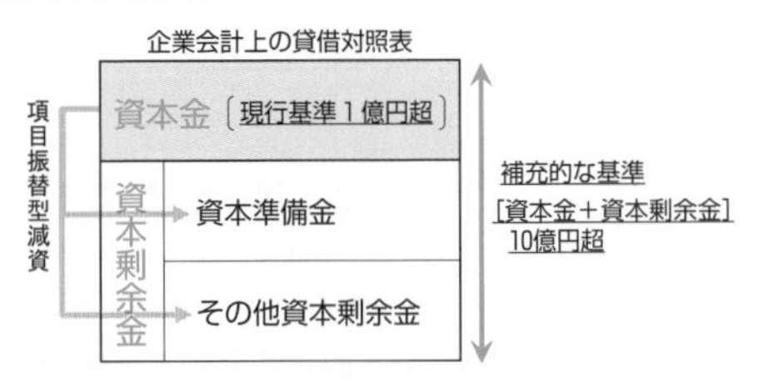

（施行期日・経過措置）

○ 令和７年４月１日に施行し，同日以後に開始する事業年度から適用する。

○ 公布日前に外形標準課税の対象であった法人が，「駆け込み」で減資を行った場合で，上記の基準に該当するときは，外形標準課税の対象とする等の所要の措置を講ずる。

2　100％子法人等への対応

○ 資本金と資本剰余金の合計額が50億円を超える法人等（以下「特定法人」という。）の100％子法人等（※１）のうち，資本金１億円以下で，資本金と資本剰余金の合計額が２億円を超えるものは，外形標準課税の対象とする（※２）。

※１　特定法人との間に当該特定法人による完全支配関係がある法人（ケース１）又は100％グループ内の複数の特定法人に株式の全部を保有されている法人（ケース２）

※２　特定法人が外形標準課税の対象外である場合には，その100％子法人等はこの措置により外形標準課税の対象とはしない。

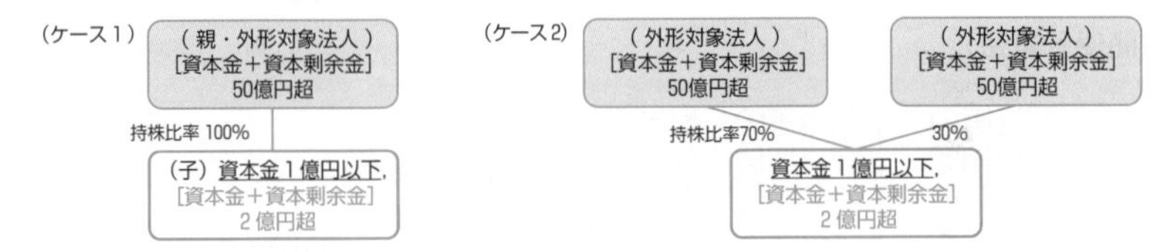

（中堅企業等のＭ＆Ａに係る配慮措置）

○ 産業競争力強化法の改正を前提に，特別事業再編計画に基づいて行われるＭ＆Ａにより100％子会社となった法人等（※１）について，上記にかかわらず，買収から５年経過する事業年度まで外形標準課税の対象外とする特例措置（※２）を設ける。

※１　特別事業再編計画の認定を受けた事業者が当該計画の認定を受ける前５年以内に買収した法人を含む。

※２　当該100％子会社等が，現行基準（資本金１億円超）又は「１．減資への対応」により外形標準課税の対象である場合は，特例措置の対象から除外する。

（施行期日・経過措置）

○ 令和８年４月１日に施行し，同日以後に開始する事業年度から適用する。

○ 上記改正により，新たに外形標準課税の対象法人となったことにより，従来の課税方式で計算した税額を超えることとなる場合には，次のとおり税負担を軽減する措置を講ずる。

・令和８年４月１日から令和９年３月31日までの間に開始する事業年度　当該超える額の2/3を軽減
・令和９年４月１日から令和10年３月31日までの間に開始する事業年度　当該超える額の1/3を軽減

2　税額控除

1　所得税額の控除

(1)　制度の概要

内国法人が支払を受けた利子及び配当等（所法174各号）について所得税法の規定より源泉徴収された所得税は，法人にとっては法人税の前払の性質を有するものであることから，所得税と法人税の二重課税を排除するために，法人税額から控除され，控除しきれない金額があるときは，還付される（法法68①，78①）。

なお，法人税額から控除される所得税額については，二重控除とならないように損金の額に算入されない（法法40）。

(2)　所有期間按分

所得税額の控除の適用を受ける場合に，その所得税額が，剰余金の配当，利益の配当，剰余金の分配（みなし配当等を除く。）若しくは金銭の分配（投資信託及び投資法人に関する法律第137条又は資産の流動化に関する法律第115条第１項に規定する金銭の分配をいう。）又は集団投資信託（合同運用信託，公社債投資信託及び公社債等運用投資信託を除く。）の収益の分配に対する所得税額については，その元本を所有していた期間に対応する部分の金額だけが控除の対象となる。

この場合の元本の所有期間に対応する部分の金額は，法人税の選択により次のイ又はロのいずれかの算式により計算した金額によることができる（法令140の２②～⑥）。

（原則的計算法）

$$\text{所得税額}\times\frac{\text{分母の期間のうち元本所有期間の月数}}{\text{利子・配当等の計算期間の月数}}\left(\begin{array}{c}\text{小数点以}\\\text{下3位未}\\\text{満切上げ}\end{array}\right)=\begin{array}{c}\text{控除}\\\text{税額}\end{array}$$

（簡便計算法）

$$\begin{array}{c}\text{所得}\\\text{税額}\end{array}\times\frac{\begin{array}{c}\text{配当等の}\\\text{計算期間}\\\text{開始時の}\\\text{所有元本}\\\text{数}\end{array}+\left(\begin{array}{c}\text{配当等の}\\\text{計算期間}\\\text{終了時の}\\\text{所有元本}\\\text{数}\end{array}-\begin{array}{c}\text{配当等の}\\\text{計算期間}\\\text{開始時の}\\\text{所有元本}\\\text{数}\end{array}\right)\times\frac{1}{2}\left(\begin{array}{c}\text{又}\frac{1}{12}\\\text{は}\end{array}\right)}{\text{利子・配当等の計算期間終了時の所有元本数}}\left(\begin{array}{c}\text{小数点}\\\text{以下3}\\\text{位未満}\\\text{切上げ}\end{array}\right)=\begin{array}{c}\text{控除}\\\text{税額}\end{array}$$

（注）　簡便計算法は，配当等の元本を①株式及び出資（特定公社債等運用投資信託の受益権及び社債的受益権を除く。），②集団投資信託の受益権に区分し，さらにその配当等の計算期間が１年以下のものと１年超のものとに区分した上で，その区分に属するもののすべてについて選択する必要があり，具体的な計算は，銘柄別に行うことになっている。

(3)　適用要件等

所得税額の控除の適用を受けるためには，確定申告書，修正申告書又は更正請求書にその控除を受けるべき金額及びその計算に関する明細を記載した書類を添付する必要がある。また，控除金額は，控除をされるべき金額として記載された金額が限度とされている（法法68④）。

2　外国税額控除

(1)　制度の概要

わが国の税制においては，内国法人の外国支店等で生じた所得を含むその内国法人の全世界所得を課税標準として法人税を課することとしているが，外国支店等で生じた所得については，通常，所在地国においても課税されることとなるため，同一の所得に対してわが国と外国の双方で課税されることとなり，国際的な二重課税が生ずることとなる。

こうした国際的な二重課税を排除するため，内国法人が各事業年度において外国法人税を納付することとなる場合には，原則として，次の算式により計算した金額〔控除限度額〕を限度として，その外国法人税額をその事業年度の所得に対する法人税の額から控除することとしている（法法69①）。

《算式》

$$\text{控除限度額} = \begin{array}{c}\text{当該事業年度の所得}\\\text{金額（全世界所得）}\\\text{に対する法人税}\end{array} \times \frac{\begin{array}{c}\text{当該事業年度の}\\\text{調整国外所得金額}^{(\text{注})}\end{array}}{\begin{array}{c}\text{当該事業年度の所得金額}\\\text{（全世界所得）}\end{array}}$$

（注）「当該事業年度の調整国外所得金額」は，当該事業年度の国外所得金額から外国法人税が課税されない国外所得金額を控除した金額をいい，当該事業年度の所得金額（全世界所得金額）の90％を超える場合には，90％相当額が限度とされる。

この場合に，当期の控除対象外国法人税額が当期の控除限度額を超えるために控除しきれない金額が生じた場合には，その控除しきれない金額〔控除限度超過額〕は，翌期以降に繰り越して，その後３年以内の事業年度において控除限度額に余裕が生じた際にその葉にないで法人税額から控除することができ，また，逆に，当期の控除対象法人税額が当期の控除限度額に満たないため控除限度額に余裕が生じたときは，その余裕額〔控除余裕額〕は翌期以降３年以内の事業年度において控除限度額として使用することができる。

なお，法人税額から控除される控除対象外国法人税額は，損金の額に算入されない（法法41）。

(2)　外国法人税の範囲

外国法人税とは，外国の法令に基づき外国又はその地方公共団体により法人の所得を課税標準として課される税をいう（法令141）。

イ　外国法人税に含まれるもの

(イ)　超過利潤税その他法人の所得の特定の部分を課税標準として課される税

(ロ)　法人の所得又はその特定の部分を課税標準として課される税の附加税

(ハ)　法人の所得を課税標準として課される税と同一の税目に属する税で，法人の特定の所得につき，徴税上の便宜のため，所得に代えて収入金額その他これに準ずるものを課税標準として課されるもの

(ニ)　法人の特定の所得につき，所得を課税標準とする税に代え，法人の収入金額そ

の他これに準ずるものを課税標準として課される税

ロ　外国法人税に含まれないもの

(イ)　税を納付する者が，当該税の納付後，任意にその金額の全部又は一部の還付を請求することができる税

(ロ)　税の納付が猶予される期間を，その税の納付をすることとなる者が任意に定めることができる税

(ハ)　複数の税率の中から税の納付をすることとなる者と外国・地方公共団体又はこれらの者により税率の合意をする権限を付与された者との合意により税率が決定された税で，最も低い税率を上回る部分

(ニ)　外国法人税に附帯して課される附帯税に相当する税その他これに類する税

(3)　控除対象外国法人税額

外国法人税のうちその所得に対する負担が高率（35％超）部分の額，通常行われる取引と認められない取引に基因して生じた所得に対して課される外国法人税の額その他一定の外国法人税の額については，外国税額控除の対象から除外される（法令142の２）。

(4)　みなし外国税額控除

開発途上国においては，経済開発を促進する観点から先進国の企業を誘致するため，税制上の優遇措置を設けることがあるが，先進国がこのような開発途上国の優遇措置を考慮せずに自国の企業に課税を行えば，優遇措置の有無にかかわらず企業の税負担は等しくなるため，優遇措置の効果が薄れることとなる。

そこで，先進国と開発途上国の間の租税条約においては，開発途上国に投資している先進国の居住者が優遇措置により減免を受けた租税の額を開発途上国において納付したものとみなして外国税額控除を認める旨の定めを置くことがあり，これをみなし外国税額控除という。

(5)　適用要件等

外国税額の控除の適用を受けるためには，確定申告書，修正申告書又は更正請求書にその控除を受けるべき金額及びその計算に関する明細を記載した書類を添付するほか，外国法人税を課されたことを証する書類を保存する必要がある。また，控除金額は，控除をされるべき金額として記載された金額が限度とされている（法法69㉕他）。

（参考）確定申告に当たっての留意事項は，次のとおりである。

①　別表六(二)の25欄「その他の国外源泉所得に係る当期利益又は当期欠損の額」の金額が，税引後の金額になっていますか？ https://www.nta.go.jp/taxes/tetsuzuki/shinsei/shinkoku/hojin/sanko/shinkokusho/r05/naikokuhojin/pdf/009.pdf

②　別表六(四)３欄「税種目」に外国法人税に該当しない税を記載していませんか？ https://www.nta.go.jp/taxes/tetsuzuki/shinsei/shinkoku/hojin/sanko/shinkokusho/r05/naikokuhojin/pdf/012.pdf

③　別表六(四)の８欄「納付外国法人税額の税率」が，租税条約の限度税率を超えていませんか？ https://www.nta.go.jp/taxes/tetsuzuki/shinsei/shinkoku/hojin/sanko/shinkokusho/r05/naikokuhojin/pdf/012.pdf

①

②③

3　分配時調整外国税相当額の控除

分配時調整外国税（集団投資信託の収益の分配時に外国の法令により課される所得税に相当する税で一定のものをいう。）の額でその収益の分配に係る所得税から控除された金額のうち，内国法人が支払を受ける収益の分配に対応する部分の金額に相当する金額〔分配時調整外国税相当額〕は，その事業年度の所得に対する法人税額から控除することとしている（法法69の2）。

4　特別控除制度の概要（租税特別措置法関係）

試験研究の促進，民間設備投資や雇用の促進，中小企業対策といった各種の政策目的を推進するための特別措置として，一定の要件の下，法人税額から控除することが認められている。

これらの特別措置は，基本的には，青色申告法人に限って適用が認められており，確定申告書に控除の金額等及び控除の金額の計算明細が記載された書類を添付した場合に限り適用することができる（措法42の4㉑他）。

また，租特透明化法に基づく「適用額明細書」を作成し，確定申告書に添付して提出する必要もある（租特透明化法3）。

租税特別措置法において講じられている法人税額の特別控除の概要は，次のとおりである。

なお，法人が一事業年度において2以上の規定の適用を受けようとする場合において，その適用を受けようとする規定による税額控除（可能）額の合計額は，当該事業年度の所得に対する法人税の額の90％相当額を限度とされている（措法42の13①）。

（注）1　事業者（中小企業者（中小企業者のうち適用除外事業者又は通算適用除外事業者に該当するものを除く。）又は農業協同組合等を除く。）が，平成30年4月1日から令和9年3月31日までの間に開始する各事業年度等において特定税額控除規定（試験研究を行った場合の特別税額控除制度（措法42の4①⑦），地域経済牽引事業の促進区域内において特定事業用機械等を取得した場合の特別税額控除制度（措法42の11の2②），認定特定高度情報通信技術活用設備を取得した場合の特別税額控除制度（措法42の12の6②）又は事業適応設備を取得した場合等の特別税額控除制度（措法42の12の7④～⑥）の規定をいう。）の適用を受けようとする場合において，その事業年度において次に掲げる要件のいずれにも該当しないときは，その特定税額控除規定は適用できない。ただし，その事業年度のうち所得の金額がその前事業年度の所得の金額以下である事業年度等については，この措置の対象としない（措法42の13⑤）。

①　次に掲げる場合の区分に応じそれぞれ次に定める要件に該当すること。

イ　次に掲げる場合のいずれにも該当する場合…その法人の継続雇用者給与等支給額からその継続雇用者比較給与等支給額を控除した金額の当該継続雇用者比較給与等支給額に対する割合が1％以上であること。

(1)　その対象年度終了の時において，その法人の資本金・出資金の額が10億円以上であり，かつ，その法人の常時使用する従業員の数が1,000以上である場合又はその対象年度終了の時においてその法人の常時使用する従業員の数が2,000人を超える場合

(2)　その対象年度が設立事業年度及び合併等事業年度のいずれにも該当し

ない場合であって当該対象年度の前事業年度の所得の金額が零を超える場合又はその対象年度が設立事業年度・合併等事業年度に該当する場合

ロ　イに掲げる場合以外の場合･･･その法人の継続雇用者給与等支給額がその継続雇用者比較給与等支給額を超えること。

② イに掲げる金額がロに掲げる金額の30%（①イ(1)及び(2)に掲げる場合のいずれにも該当する場合には，40%）に相当する金額を超えること。

イ　法人がその対象年度において取得等をした国内資産でその対象年度終了の日において有するものの取得価額の合計額

ロ　法人がその有する減価償却資産につき対象年度においてその償却費として損金経理をした金額の合計額

（参考）租税特別措置費の不適用措置の見直し（経済産業省資料）

● 収益が拡大しているにもかかわらず賃上げにも投資にも消極的な大企業に対して講ずることとしている，研究開発税制等の一部の租税特別措置の税額控除の適用を停止する措置について，その期間を３年間延長するとともに，要件を一部見直す。

制度概要【適用期限：令和８年度末まで】　※青字：令和６年度税制改正における変更点

下記の①～③の全てを満たす**資本金1億円超の大企業**は不適用措置の対象。

①**所得金額**：対前年度比で増加

②**継続雇用者の給与等支給額**：
・大企業　（下記以外の場合）：対前年度以下
・前年度が黒字の大企業　（資本金10億円以上かつ従業員数1,000人以上，又は，従業員数2,000人超）：
対前年度増加率１%未満

③**国内設備投資額**：
・大企業（下記以外の場合）：　当期の減価償却費の３割以下
・前年度が黒字の大企業　（資本金10億円以上かつ従業員数1,000人以上，又は，従業員数2,000人超）：
当期の減価償却費の４割以下

【対象となる租税特別措置】

研究開発税制，地域未来投資促進税制，５G導入促進税制，デジタルトランスフォーメーション投資促進税制，カーボンニュートラル投資促進税制

３　設備投資減税措置の概要については，以下を参照のこと。➡ p.69

制度名	概要
試験研究を行った場合の法人税額の特別控除（措法42の４） （参考）制度の詳細，手続き等については，経済産業省HPの「研究開発税制」（研究開発税制／特別試験研究費税額控除制度）https://www.meti.go.jp/pol	(1)　**試験研究費の総額に係る税額控除制度** この制度は，法人のその事業年度において試験研究費の額がある場合に，その試験研究費の額の一定割合の金額をその事業年度の法人税額から控除することができる。 (2)　**中小企業技術基盤強化税制** この制度は，中小企業者等である法人のその事業年度において試験研究費の額がある場合に，上記(1)との選択適用で，その試験研究費の額の12%～17%相当額をその事業年度の法人税額から控除することができる。 (3)　**特別試験研究に係る税額控除制度** この制度は，法人のその事業年度において特別試験研究費の

制度名	概要
icy/tech_promotion/tax.htmlを参照のこと。 	額がある場合に，上記(1)及び(2)の制度とは別枠でその特別試験研究費の額の20%，25%又は30%相当額をその事業年度の法人税額から控除することができる。 (4)　**試験研究費割合が10%を超える場合の特例** 試験研究費割合（当期の試験研究費／当期及び前３期の平均売上金額）が10%を超える場合には，上記(1)又は(2)の控除率及び控除上限が拡充される。

【令和６年度改正】（国税庁資料を基に作成）

(1)　一般試験研究費の額に係る税額控除制度の見直し

増減試験研究費割合が０に満たない事業年度（設立事業年度又は比較試験研究費の額が０である事業年度を除く。）の税額控除割合が次のとおり見直された上，税額控除割合の下限（改正前：１%）が撤廃された（措法42の４①一，二，⑧三イ(1)(2)）。

（備考）　令和８年４月１日以後に開始する事業年度について適用（令和６年改正法附則39①②）。

事業年度開始の日	増減試験研究費割合 0以上である場合（措法42の４①一）	増減試験研究費割合 0に満たない場合（措法42の４①二）	設立事業年度である場合又は比較試験研究費の額が０である場合（措法42の４①三）
令8.4.1～令11.3.31	11.5%－{(12%－増減試験研究費割合)×0.25}	8.5%－０に満たない部分の割合×8.5／30	8.5%
令11.4.1～令13.3.31		8.5%－０に満たない部分の割合×8.5／27.5	
令13.4.1～		8.5%－０に満たない部分の割合×8.5／25	

(2)　試験研究費の額の範囲の見直し

制度の対象となる試験研究費の額から，内国法人の国外事業所等（注）を通じて行う事業に係る費用の額が除外された（措法42の４⑲一）。

（注）「国外事業所等」とは，我が国が租税条約（恒久的施設に相当するものに関する定めを有するものに限る。）を締結している条約相手国等（租税条約の我が国以外の締約国又は締約者をいう。）についてはその租税条約の条約相手国等内にあるその租税条約に定める恒久的施設に相当するものをいい，その他の国又は地域についてはその国又は地域にある恒久的施設に相当するものをいう（措法42の４⑲一，法法69④一，法令145の２①）。

（備考）　令和７年４月１日以後に開始する事業年度について適用（令和６年改正法附則39③）。

制度名	概要
地域活力向上地域等において雇用者の数が増加した場合の法人税額の特別控除（措法42の12）	地方活力向上地域等特定業務施設整備計画の認定を受けた法人が適用年度において，一定の要件を満たした場合には，税額控除ができる。 （備考）　手続きを含む制度の詳細については，内閣府地方創生推進事務局「地方拠点強化税制」https://www.chisou.go.jp/tiiki/tiikisaisei/pdf/03pamphlet.pdf及び「地方拠点強化税制における雇用促進税制に関するＱ＆Ａ」https://www.mhlw.go.jp/content/000924787.pdfを参照されたい。
認定地方公共団体の寄附活用事業に関連	地域再生法に規定する認定地方公共団体に対してまち・ひと・しごと創生寄附活用事業に関連する寄附金を支出した場合

制　度　名	概　　　要
する寄附をした場合の法人税額の特別控除（措法42の12の2）	には，その支出した日を含む事業年度において一定の金額の税額控除ができる。 （備考）　制度の概要等は，内閣官房・内閣府総合サイト／地方創生／地域再生／企業版ふるさと納税ポータルサイトに収録されている「企業版ふるさと納税」（https://www.chisou.go.jp/tiiki/tiikisaisei/portal/pdf/R060329gaiyou.pdf）等を参照のこと。
給与等の支給額が増加した場合の法人税額の特別控除（措法42の12の5） （参考）　適用に当たっては，経済産業省HP（賃上げ促進税制：https://www.meti.go.jp/policy/economy/jinzai/syotokukakudaisokushin/syotokukakudai.html）を参照されたい。	(1)　賃上げ促進税制 国内雇用者に対して給与等を支給する場合において，その事業年度において継続雇用者給与等支給増加割合が３％以上であるとき(注)は，その法人のその事業年度の控除対象雇用者給与等支給増加額の15％（その事業年度において次の要件を満たす場合にはそれぞれ次の割合を加算した割合とし，その事業年度において次の要件の全てを満たす場合には次の割合を合計した割合を加算した割合）相当額の税額控除（当期の税額の20％相当額を限度）をすることができる。 ①　継続雇用者給与等支給増加割合が４％以上であること…（加算割合）５％（継続雇用者給与等支給増加割合が５％以上である場合には10％とし，継続雇用者給与等支給増加割合が７％以上である場合には15％とする。） ②　次に掲げる要件の全てを満たすこと…（加算割合）５％ イ　法人のその事業年度の所得の金額の計算上損金の額に算入される教育訓練費の額（その教育訓練費に充てるため他の者から支払を受ける金額がある場合には，当該金額を控除した金額）からその比較教育訓練費の額を控除した金額の当該比較教育訓練費の額に対する割合が10％以上であること。 ロ　法人のその事業年度の所得の金額の計算上損金の額に算入される教育訓練費の額のその法人の雇用者給与等支給額に対する割合が0.05％以上であること。 ③　その事業年度終了の時において次に掲げる者のいずれかに該当すること…（加算割合）５％ イ　次世代育成支援対策推進法15条の３第１項に規定する特例認定一般事業主 ロ　女性の職業生活における活躍の推進に関する法律13条１項に規定する特例認定一般事業主 （注）　事業年度終了の時において，法人の資本金の額又は出資金の額が10億円以上であり，かつ，その法人の常時使用する従業員の数が1,000人以上である場合又は事業年度終了の時において，その法人の常時使用する従業員の数が2,000人を超える場合には，給与等の支給額の引上

制度名	概　　要
	げの方針，取引先との適切な関係の構築の方針等の事項を公表している場合に限る。 (2)　**中堅企業の雇用者給与等支給額が増加した場合に係る措置** 国内雇用者に対して給与等を支給する場合で，かつ，その事業年度終了の時において常時使用する従業員の数が2,000人以下の事業者に該当する場合において，継続雇用者給与等支給増加割合が3％以上であるとき（その事業年度終了の時において，その法人の資本金の額又は出資金の額が10億円以上であり，かつ，その法人の常時使用する従業員の数が1,000人以上である場合には，給与等の支給額の引上げの方針，下請事業者その他の取引先との適切な関係の構築の方針等の一定の事項を公表している場合に限る。）は，控除対象雇用者給与等支給増加額に10％（次に掲げる要件を満たす場合には，それぞれ次に定める割合を加算した割合）を乗じて計算した金額の税額控除（当期の税額の20％相当額を限度）ができる。 ①　継続雇用者給与等支給増加割合が４％以上であること…（加算割合）15％ ②　次に掲げる要件の全てを満たすこと…（加算割合）５％ イ　教育訓練費の額から比較教育訓練費の額を控除した金額のその比較教育訓練費の額に対する割合が10％以上であること。 ロ　教育訓練費の額の雇用者給与等支給額に対する割合が0.05％以上であること。 ③　次に掲げる要件のいずれかを満たすこと…（加算割合）５％ イ　その事業年度終了の時において次世代育成支援対策推進法に規定する特例認定一般事業主に該当すること。 ロ　その事業年度において女性の職業生活における活躍の推進に関する法律の認定を受けたこと（女性労働者に対する職業生活に関する機会の提供及び雇用環境の整備の状況が特に良好な一定の場合に限る。）。 ハ　その事業年度終了の時において女性の職業生活における活躍の推進に関する法律に規定する特例認定一般事業主に該当すること。 (3)　**中小企業者等に係る措置** 中小企業者（適用除外事業者又は通算適用除外事業者を除く。）又は農業協同組合等が，各事業年度（上記(1)の規定の適用を受ける事業年度等を除く。）において，国内雇用者に対して給与等を支給する場合において，その事業年度においてその中小企業者等の雇用者給与等支給増加割合が1.5％以上である

制度名	概要
	ときは，その中小企業者等のその事業年度の控除対象雇用者給与等支給増加額の15%（その事業年度において次の要件を満たす場合にはそれぞれ次の割合を加算した割合とし，いずれの要件を満たす場合には加算割合を合計した割合）相当額の税額控除（当期の税額の20%相当額を限度）をすることができる。 ① 雇用者給与等支給増加割合が2.5%以上であること･･･（加算割合）15% ② 次に掲げる要件の全てを満たすこと･･･（加算割合）10% イ 当該中小企業者等の当該事業年度の所得の金額の計算上損金の額に算入される教育訓練費の額からその比較教育訓練費の額を控除した金額の当該比較教育訓練費の額に対する割合が5%以上であること。 ロ 当該中小企業者等の当該事業年度の所得の金額の計算上損金の額に算入される教育訓練費の額の当該中小企業者等の雇用者給与等支給額に対する割合が0.05%以上であること。 ③ 次に掲げる要件のいずれかを満たすこと･･･（加算割合）5% イ その事業年度において次世代育成支援対策推進法13条の認定を受けたこと（同法2条に規定する次世代育成支援対策の実施の状況が良好な場合に限る。）。 ロ その事業年度終了の時において次世代育成支援対策推進法15条の3第1項に規定する特例認定一般事業主に該当すること。 ハ その事業年度において女性の職業生活における活躍の推進に関する法律9条の認定を受けたこと（女性労働者に対する職業生活に関する機会の提供及び雇用環境の整備の状況が良好な場合に限る。）。 ニ その事業年度終了の時において女性の職業生活における活躍の推進に関する法律13条1項に規定する特例認定一般事業主に該当すること。 (4) 青色申告書を提出する事業者の各事業年度において雇用者給与等支給額が比較雇用者給与等支給額を超える場合において，前5年以内に開始した各事業年度における上記(3)の措置による控除しきれない金額があるときは，その控除しきれない金額の繰越控除ができる。ただし，繰越控除額については，(1)から(3)までの措置と合計して，当期の税額の20%相当額を限度とする。

制度名	概要

（参考）令和６年度改正・賃上げ促進税制の拡充及び延長（経済産業省資料）

改正後【措置期間：３年間】

区分	継続雇用者※4給与等支給額（前年度比）	税額控除率※6	教育訓練費※7（前年度比）	税額控除率	両立支援・女性活躍	税額控除率	最大控除率
大企業※1	＋３%	10%	＋10%	５%上乗せ	プラチナくるみん or プラチナえるぼし	５%上乗せ	35%
	＋４%	15%					
	＋５%	20%					
	＋７%	25%					

区分	継続雇用者給与等支給額（前年度比）	税額控除率	教育訓練費（前年度比）	税額控除率	両立支援・女性活躍	税額控除率	最大控除率
中堅企業※2	＋３%	10%	＋10%	５%上乗せ	プラチナくるみん or えるぼし三段階目以上	５%上乗せ	35%
	＋４%	25%					

区分	全雇用者※5給与等支給額（前年度比）	税額控除率	教育訓練費（前年度比）	税額控除率	両立支援・女性活躍	税額控除率	最大控除率
中小企業※3	＋1.5%	15%	＋５%	10%上乗せ	くるみん or えるぼし二段階目以上	５%上乗せ	45%
	＋2.5%	30%					

改正前【措置期間：２年間】

区分	継続雇用者給与等支給額（前年度比）	税額控除率	教育訓練費（前年度比）	税額控除率	最大控除率
大企業	＋３%	15%	＋20%	５%上乗せ	30%
	＋４%	25%			
	－	－			
	－	－			

区分	全雇用者給与等支給額（前年度比）	税額控除率	教育訓練費（前年度比）	税額控除率	最大控除率
中小企業	＋1.5%	15%	＋10%	10%上乗せ	40%
	＋2.5%	30%			

中小企業は，賃上げを実施した年度に控除しきれなかった金額の**５年間の繰越しが可能**※8。

※１　「資本金10億円以上かつ従業員数1,000人以上」又は「従業員数2,000人超」のいずれかに当てはまる企業は，マルチステークホルダー方針の公表及びその旨の届出を行うことが適用の条件。それ以外の企業は不要。

※２　従業員数2,000人以下の企業（その法人及びその法人との間にその法人による支配関係がある法人の従業員数の合計が１万人を超えるものを除く。）が適用可能。ただし，資本金10億円以上かつ従業員数1,000人以上の企業は，マルチステークホルダー方針の公表及びその旨の届出が必要 。

※３　中小企業者等（資本金１億円以下の法人，農業協同組合等）又は従業員数1,000人以下の個人事業主が適用可能。

※４　継続雇用者とは，適用事業年度及び前事業年度の全月分の給与等の支給を受けた国内雇用者（雇用保険の一般被保険者に限る）。

※５　全雇用者とは，雇用保険の一般被保険者に限られない全ての国内雇用者。

※６　税額控除額の計算は，全雇用者の前事業年度から適用事業年度の給与等支給増加額に税額控除率を乗じて計算。ただし，控除上限額は法人税額等の20%。

※７　教育訓練費の上乗せ要件は，適用事業年度の教育訓練費の額が適用事業年度の全雇用者に対する給与等支給額の0.05%以上である場合に限り，適用可能。

※８　繰越税額控除をする事業年度においては，全雇用者の給与等支給額が前年度より増加している場合に限り，適用可能。

第17編　グループ通算制度

①　個別申告方式

企業グループ全体を一つの納税単位とし，一体として計算した法人税額等を親法人が申告する現行制度に代えて，各法人が個別に法人税額等の計算及び申告を行う。

②　損益通算・税額調整等

欠損法人の欠損金額をグループ内の他の法人の所得金額と損益通算する。

研究開発税制及び外国税額控除については，連結納税制度と同様，通算グループ全体で税額控除額を計算する。

③　組織再編税制との整合性

開始・加入時の時価評価課税・繰越欠損金のグループへの持込み等について，組織再編税制と整合性が取れた制度とし，通算グループの開始・加入時の時価評価課税や繰越欠損金の持込み制限の対象を縮小する。

④　親法人の適用開始前の繰越欠損金の取扱い

親法人も子法人と同様，グループ通算制度の適用開始前の繰越欠損金を自己の所得の範囲内でのみ控除する。

⑤　中小法人判定の適正化

通算グループ内に大法人がある場合には中小法人特例を適用しない。

⑥　適用時期

企業における準備等を考慮し，令和４年４月１日以後開始事業年度から適用。

〔グループ通算制度における所得金額等の計算のイメージ〕（経済産業省資料）

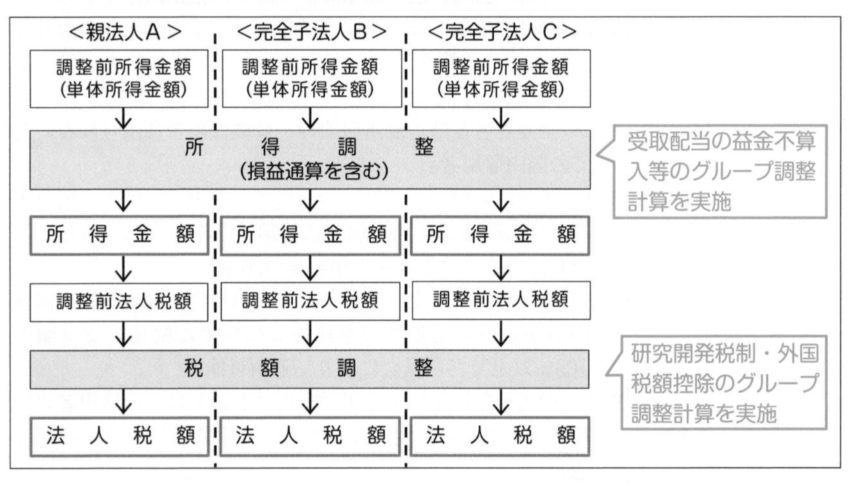

1　損益通算及び欠損金の通算

①損益通算（法法64の5）	イ　通算法人の所得事業年度終了の日において通算完全支配関係がある他の通算法人の同日に終了する事業年度において通算前欠損金額が生ずる場合には，その通算法人のその所得事業年度の通算対象欠損金額は，その所得事業年度において損金の額に算入し，通算法人の欠損事業年度終了の日において通算完全支配関係がある他の通算法人の同日に終了する事業年度において通算前所得金額が生ずる場合には，その通算法人のその欠損事業年度の通算対象所得金額は，その欠損事業年度において益金の額に算入する。 ⇒　通算グループ内の欠損法人の欠損金額の合計額が，所得法人の所得の金額の比で配分され，その配分された通算対象欠損金額が所得法人の損金の額に算入され，一方，損金算入された金額の合計額と同額の所得の金額が，欠損法人の欠損金額の比で配分され，その配分された通算対象所得金額が欠損法人の益金の額に算入される。 ロ　通算法人の通算前所得金額又は通算前欠損金額が期限内申告書に添付された書類に通算前所得金額又は通算前欠損金額として記載された金額と異なる場合には，その記載された通算前所得金額又は通算前欠損金額を上記イの通算前所得金額又は通算前欠損金額とみなして上記イの計算をする。 ⇒　通算グループ内の一法人に修更正事由が生じた場合には，損益通算に用いる通算前所得金額及び通算前欠損金額を当初申告額に固定することにより，原則として，その修更正事由が生じた通算法人以外の他の通算法人への影響を遮断し，その修更正事由が生じた通算法人の申告のみが是正される。
②欠損金の通算（法法64の7）	イ　通算法人の欠損金の繰越控除の適用を受ける事業年度開始の日前10年以内に開始した事業年度において生じた欠損金額はその通算法人の**特定欠損金額**と各通算法人の欠損金額のうち特定欠損金額以外の金額〔**非特定欠損金額**〕の合計額を各通算法人の特定欠損金の繰越控除後の損金算入限度額の比で配分した金額との合計額とし，繰越控除はそれぞれ次に掲げる金額を限度とする。 (イ)　各通算法人の損金算入限度額の合計額を各通算法人の特定欠損金額のうち欠損金の繰越控除前の所得の金額に達するまでの金額の比で配分した金額 (ロ)　各通算法人の特定欠損金の繰越控除後の損金算入限度額の合計額を各通算法人の配分後の非特定欠損金額の比で配分した金額 ロ　他の通算法人の当該事業年度の損金算入限度額又は過年度の欠損金額が期限内申告書に添付された書類に当該事業年度の損金算入限度額又は過年度の欠損金額として記載された金額と異なる場合には，その記載された金額を当該事業年度の損金算入限度額又は過年

	度の欠損金額とみなす。 ハ　通算法人の当該事業年度の損金算入限度額又は過年度の欠損金額が期限内申告書に添付された書類に当該事業年度の損金算入限度額又は過年度の欠損金額として記載された金額と異なる場合には，欠損金額及び損金算入限度額で期限内申告において他の通算法人との間で授受した金額を固定する調整をした上で，その通算法人のみで欠損金の繰越控除額を再計算する。 ニ　通算制度の開始又は通算制度への加入前の欠損金額及び下記**3**②ロ及びハにより損益通算の対象外とされた欠損金額を特定欠損金額とする。 （注１）**「特定欠損金額」**とは，時価評価除外法人の最初通算事業年度開始の日前10年以内に開始した各事業年度において生じた欠損金額等をいい（法法64の７②）〔その通算法人の所得金額のみから控除可〕，**「非特定欠損金額」**とは，特定欠損金額以外の欠損金額をいう。 （注２）連結親法人の経過措置により通算承認があったものとみなされた内国法人については，連結納税制度における特定連結欠損金個別帰属額を特定欠損金額とみなす（令和２年改正法附則28）。
③修正申告・更正の場合（法法64の５，64の７）	通算事業年度のいずれかについて修正申告又は更正がされる場合において，通算事業年度の全てについて，期限内申告における所得の金額が零又は欠損金額がある等の要件に該当するときは，上記①ロ及び②ロ・ハの措置を適用しない。 税務署長は，通算法人の所得の金額等の計算につき上記①ロ並びに②ロ及びハ等を適用したならば離脱法人に欠損金があることとなる等の事実が生じ，法人税の負担を不当に減少させる結果となると認めるときは，上記①ロ及び②ロ・ハの措置を適用しないことができる。

2　損益通算及び欠損金の通算のための承認

①通算制度の承認（法法64の９）	通算制度の承認については，適用法人につき次の法人を除外するほか，連結納税制度と同様とする。 **〔除外法人〕** イ　青色申告の承認の取消しの通知を受けた法人でその通知を受けた日から同日以後５年を経過する日の属する事業年度終了の日までの期間を経過していないもの ロ　青色申告の取りやめの届出書の提出をした法人でその提出日から同日以後１年を経過する日の属する事業年度終了の日までの期間を経過していないもの
②通算制度の適用方法，取りやめ等（法	通算制度の適用方法，承認の失効及び適用の取りやめの方法について，次の見直しを行うほか，連結納税制度と同様とする。 イ　親法人の設立事業年度の翌事業年度から通算制度を適用しようと

法64の9，64の10）	する場合の承認申請期限の特例について，親法人がその資産の時価評価による評価損益を計上する必要がある場合及び設立事業年度が3月以上の場合には適用できない。 ロ　承認の却下事由に，備え付ける帳簿書類に取引の全部又は一部を隠蔽し，又は仮装して記載し，又は記録していることその他不実の記載又は記録があると認められる相当の理由があることを追加する。 ハ　青色申告の承認の取消しの通知を受けた場合には，その通知を受けた日から通算承認は効力を失うものとし，通算制度固有の取消事由を設けない。
③連結親法人の経過措置（令和2年改正法附則29）	令和4年3月31日において連結親法人に該当する内国法人及び同日の属する連結親法人事業年度終了の日において当該内国法人との間に連結完全支配関係がある連結子法人は，同日の翌日において通算承認があったものとみなす等の経過措置が講じられている。 なお，連結親法人が令和4年4月1日以後最初に開始する事業年度開始の日の前日までに税務署長に届出書を提出することにより，当該連結親法人及びその連結子法人は，通算制度を適用しない法人となることができる。

3　資産の時価評価等

①通算制度の開始又は通算制度への加入に伴う資産の時価評価（法法64の11，64の12）	〔時価評価除外法人〕 イ　通算制度の開始に伴う資産の時価評価の対象外となる法人 (イ)　いずれかの子法人との間に完全支配関係の継続が見込まれている親法人 (ロ)　親法人との間に完全支配関係の継続が見込まれている子法人 ロ　通算制度への加入に伴う資産の時価評価の対象外となる法人 (イ)　通算法人が通算親法人による完全支配関係がある法人を設立した場合におけるその法人 (ロ)　適格株式交換等により加入した株式交換等完全子法人 (ハ)　加入直前に支配関係がある法人で，次の要件の全てに該当する法人 ㋑　通算親法人による完全支配関係が継続することが見込まれていること ㋺　加入直前の従業者の総数のおおむね80％以上に相当する数の者がその法人の業務に引き続き従事することが見込まれていること ㋩　加入前に行う主要な事業が引き続き行われることが見込まれていること (ニ)　通算親法人又は他の通算法人と共同で事業を行う場合に該当する法人

<table>
<tr>
<td>②時価評価除外法人の通算制度の開始又は通算制度への加入前の資産の含み損等（法法64の6，64の14）</td>
<td>イ　支配関係発生日以後に新たな事業を開始した場合には，通算承認の効力発生日等からその効力発生日以後3年を経過する日と支配関係発生日以後5年を経過する日とのいずれか早い日までの間に生ずる特定資産譲渡等損失額を損金不算入とする。
ロ　多額の償却費の額が生ずる事業年度に該当する場合には，通算承認の効力発生日からその効力発生日以後3年を経過する日と支配関係発生日以後5年を経過する日とのいずれか早い日までの期間内の日の属するその事業年度に生じた欠損金額について，損益通算の対象外とする。
ハ　上記イ又はロのいずれにも該当しない場合には，通算承認の効力発生日からその効力発生日以後3年を経過する日と支配関係発生日以後5年を経過する日とのいずれか早い日までの間に生じた欠損金額のうち特定資産譲渡等損失額に達するまでの金額について，損益通算の対象外とする。
(注)　次の法人については，本措置の対象外とする。
(イ)　親法人との間（親法人にあっては，いずれかの子法人との間）に支配関係が5年超ある法人
(ロ)　他の通算法人と共同で事業を行う場合に該当する法人</td>
</tr>
<tr>
<td>③通算制度からの離脱等に伴う資産の時価評価（法法64の13）</td>
<td>通算法人で通算制度の取りやめ等により通算承認の効力を失うものが次に掲げる要件に該当する場合には，それぞれ次の資産については，その効力を失う直前の事業年度〔通算終了直前事業年度〕において，時価評価により評価損益の計上を行う。
<table>
<tr><td>イ　通算終了直前事業年度終了の時前に行う主要な事業が引き続き行われることが見込まれていないこと（その終了の時に有する資産の価額がその終了の時に有する資産の帳簿価額を超える一定の場合を除く。）</td><td>固定資産，土地等，有価証券，金銭債権及び繰延資産（これらの資産のうち評価損益の計上に適しない一定のものを除く。）</td></tr>
<tr><td>ロ　その通算法人の株式又は出資を有する他の通算法人において通算終了直前事業年度終了の時後にその株式又は出資の譲渡等による損失が生ずることが見込まれていること（上記イに該当する場合を除く。）</td><td>帳簿価額が10億円を超える上記イの資産のうち譲渡等による損失が生ずることが見込まれているもの</td></tr>
</table>
〔令和4年度改正〕（投資簿価修正，時価評価資産の範囲等）
イ　投資簿価修正制度について，通算子法人（主要な事業が引き続き行われることが見込まれていないことにより通算制度からの離脱等に伴う資産の時価評価制度の適用を受ける法人を除く。）の離脱時等にその通算子法人の株式を有する各通算法人の全てがその子法人株式に係る資産調整勘定等対応金額について離脱時等の属する事業</td>
</tr>
</table>

	年度の確定申告書等にその計算に関する明細書を添付し，かつ，その各通算法人のいずれかがその計算の基礎となる事項を記載した書類を保存している場合には，離脱時等に子法人株式の帳簿価額とされるその通算子法人の簿価純資産価額にその資産調整勘定等対応金額を加算することができる措置が講じられた（法令119の３⑥～⑧）。 ロ　離脱等に伴う時価評価資産に帳簿価額1,000万円未満の営業権が追加された（法令131の17③）。

4　事業年度

通算子法人の事業年度については，次の見直しのほか，通算親法人の事業年度開始時にその通算親法人との間に通算完全支配関係がある通算子法人の事業年度はその開始日に開始するものとし，通算親法人の事業年度終了時にその通算親法人との間に通算完全支配関係がある通算子法人の事業年度はその終了日に終了するものとする等，連結納税制度と同様に，通算親法人の事業年度に合わせた事業年度とされる（法法14）。

〔見直し〕

イ　事業年度の中途で親法人との間に完全支配関係を有することとなった場合の加入時期の特例について，その完全支配関係を有することとなった日の前日の属する会計期間の末日の翌日を承認の効力発生日及び事業年度開始の日とすることができる措置を追加。

ロ　離脱法人の離脱日に開始する事業年度終了の日を親法人の事業年度終了の日とする措置の廃止。

5　その他の所得金額の計算

①税効果相当額の授受（法法26④，38③）	内国法人が他の内国法人との間で**通算税効果額**を授受する場合には，その授受する金額は，損金の額及び益金の額に算入しない。 （注）「**通算税効果額**」とは，通算制度を適用することにより減少する法人税及び地方法人税の額に相当する金額として内国法人間で授受される金額をいう。
②利益・損失の二重計上の防止（法法25，33，61の11，64の11，64の12）	イ　通算法人が有する他の通算法人（通算親法人を除く。）の株式又は出資の評価損益及び他の通算法人（通算親法人を除く。）の株式又は出資の当該他の通算法人以外の通算法人に対する譲渡損益を計上しない。 ロ　通算制度の開始又は通算制度への加入をする法人（親法人を除く。）で親法人との間に完全支配関係の継続が見込まれていないものの株式又は出資を通算制度の開始直前又は通算制度への加入時に有する内国法人は，その株式又は出資について，時価評価により評価損益を計上する。 （注）損益通算を行わない一定の法人の株式又は出資については，上記イ

	及びロを適用しない。
③外国税額控除（法法41②）	通算法人又は他の通算法人が外国税額控除制度の適用を受ける場合には，当該通算法人が納付することとなる控除対象外国法人税の額は，各事業年度の所得の金額の計算上，損金の額に算入しない。
④欠損金の繰越控除（法法57）	イ　時価評価除外法人以外の法人の通算制度の開始又は通算制度への加入前の欠損金はないものとする。 ロ　時価評価除外法人（親法人との間に支配関係が5年超ある法人，他の通算法人と共同で事業を行う場合に該当する法人を除く。）が支配関係発生日以後に新たな事業を開始した場合には，支配関係発生日の属する事業年度〔**支配関係事業年度**〕前の事業年度において生じた欠損金額及び支配関係事業年度以後の事業年度において生じた欠損金額のうち特定資産譲渡等損失額に相当する金額から成る部分の金額はないものとする。 ハ　通算法人における更生法人等の判定は各通算法人について行い，他の通算法人のいずれかが新設法人に該当しない場合には新設法人に該当しないこととする。 （注）　連結親法人に係る経過措置により通算承認があったものとみなされた通算親法人が令和4年4月1日前に開始した事業年度において更生法人等に該当していた場合には他の通算法人についても更生法人等に該当するものとする等の経過措置が講じられる（令和2年改正法附則20）。 〔**令和4年度改正**〕（支配関係継続要件の見直し） 共同事業性がない場合等の欠損金額の切捨て，損益通算の対象となる欠損金額の特例及び特定資産に係る譲渡等損失額の損金不算入の適用除外となる要件のうち支配関係継続要件について，(イ)通算承認日の5年前の日後に設立された通算親法人についての要件の判定，(ロ)要件の判定を行う通算法人等が通算承認日の5年前の日後に設立された法人である場合の支配関係5年継続要件の特例の見直しが行われた（法令112の2③二，131の8①二，131の19①）。
⑤会社更生等による債務免除等があった場合の欠損金の損金算入（法法59）	イ　民事再生等一定の事実による債務免除等があった場合に青色欠損金等の控除前に繰越欠損金を損金算入できる制度について，通算法人の控除限度額は，その通算法人の損益通算及び欠損金の繰越控除前の所得の金額と各通算法人の損益通算及び欠損金の繰越控除前の所得の金額の合計額から欠損金額の合計額を控除した金額とのうちいずれか少ない金額とする。 ロ　民事再生等一定の事実による債務免除等があった場合に青色欠損金等の控除後に繰越欠損金を損金算入できる制度及び解散の場合の繰越欠損金の損金算入制度について，通算法人の控除限度額は，その通算法人の損益通算及び欠損金の繰越控除後の所得の金額とする。 ハ　損金算入の対象となる債務免除等の金額について，債務免除に係る債権を有する者等から除かれている法人を，適用年度終了の日が

	通算親法人の事業年度終了の日である通算法人に係る他の通算法人で同日にその事業年度が終了するものとする。
⑥譲渡損益調整資産及びリース取引に係る延払損益（法法61の11，63）	イ　通算制度の開始又は通算制度への加入前の譲渡損益調整資産の譲渡損益及びリース取引に係る延払損益で繰り延べているものについては，連結納税制度と同様に，時価評価除外法人に該当する場合を除き，その繰り延べている損益の計上を行う。 ロ　通算制度からの離脱前の譲渡損益調整資産の譲渡損益及びリース取引に係る延払損益で繰り延べているものについては，次に掲げる場合の区分に応じそれぞれ次のとおりとする。 ・通算終了直前事業年度終了の時前に行う主要な事業が引き続き行われることが見込まれていない場合（その終了の時に有する資産の価額がその終了の時に有する資産の帳簿価額を超える一定の場合を除く。）→ その繰り延べている譲渡損益及び延払損益（少額であるもの等を除く。）の計上 ・その通算法人の株式又は出資を有する他の通算法人において通算終了直前事業年度終了の時後にその株式又は出資の譲渡等による損失が生ずることが見込まれている場合（上記に該当する場合を除く。）→ 譲渡損益調整資産の譲渡損失で繰り延べているものの金額が10億円を超えるもので，かつ，譲渡損益調整資産の譲受法人において譲渡等の事由が生ずること等が見込まれている場合におけるその譲渡損失の計上

6　税額の計算

①適用税率等	税率は，各通算法人の適用税率による。 中小法人の軽減税率の適用対象となる所得の金額は，年800万円を各通算法人の所得の金額の比で配分した金額とする（法法66）。 （注）上記の配分は，各通算法人の所得の金額が期限内申告書に所得の金額として記載された金額と異なる場合には，一定の場合を除き，期限内申告書に所得の金額として記載された金額を各通算法人の所得の金額とみなして計算する。
②特定同族会社の特別税率（法法67）	所得基準の基礎となる所得の金額は各通算法人の損益通算前の所得の金額とし，留保金額の計算上受取配当等の益金不算入額のうち他の通算法人から受ける配当等に係る金額はないものとする等の調整を行う。
③外国税額控除（法法69）	イ　通算法人の事業年度の税額控除額が期限内申告書に添付された書類に税額控除額として記載された金額と異なる場合には，その記載

	された金額を当該事業年度の税額控除額とみなす。 ロ　過年度の税額控除額が過年度の期限内申告書に添付された書類に税額控除額として記載された金額を超える場合又は下回る場合には，その差額に相当する金額を進行年度の法人税の額から控除し，又は法人税の額に加算する。 ハ　通算法人又は他の通算法人が税額控除額の計算の基礎となる事実を隠蔽し，又は仮装して税額控除額を増加させることにより法人税の負担を減少させる場合等の要件に該当するときは，上記イ及びロを適用しない。 〔**令和4年度改正**〕（通算制度における外国税額控除の見直し） イ　税務当局が調査を行った結果，進行事業年度調整措置を適用すべきと認める場合には，通算法人に対し，その調査結果の内容（進行事業年度調整措置を適用すべきと認めた金額及びその理由を含む。）を説明する。 ロ　上記イの説明が行われた日の属する事業年度の期限内申告書に添付された書類に進行事業年度調整措置を適用した金額（税額控除不足額相当額又は税額控除超過額相当額）として記載された金額等がその説明の内容と異なる場合には，その事業年度に係る税額控除不足額相当額又は税額控除超過額相当額に係る固定措置を不適用とする。 ハ　税額控除額等（税額控除額，税額控除不足額相当額又は税額控除超過額相当額をいう。）に係る固定措置が不適用とされた事業年度について，その不適用とされたことに伴い修正申告書の提出又は更正が行われた場合には，原則として，その修正申告書又はその更正に係る更正通知書に税額控除額等として記載された金額をもって本固定措置を再度適用する。
④試験研究を行った場合の特別税額控除 （措法42の4）	イ　通算法人及び他の通算法人を一体として計算した税額控除限度額と控除上限額とのいずれか少ない金額〔**税額控除可能額**〕を各通算法人の調整前法人税額の比で配分した金額を各通算法人の税額控除限度額とする。 ロ　他の通算法人の各期の試験研究費の額又は当期の調整前法人税額が確定申告書に記載された各期の試験研究費の額又は当期の調整前法人税額と異なる場合には，確定申告書に記載された各期の試験研究費の額又は当期の調整前法人税額を各期の試験研究費の額又は当期の調整前法人税額とみなす。 ハ　上記ロの場合において，税額控除可能額が確定申告書に記載された税額控除可能額に満たないときは，法人税額の調整等を行うこととする。

7　申告，納付及び還付

①申告（法法75の4）	通算法人の法人税の申告については，申告書記載事項・添付書類記載事項を電子情報処理組織を使用する方法により提供すること等により行わなければならない。
②中間申告（法法71・72）	イ　中間申告については，清算中の通算子法人を対象とすることとし，通算子法人にあっては，通算親法人事業年度が6月を超え，かつ，通算親法人事業年度開始の日以後6月を経過した日において通算完全支配関係がある場合に中間申告をしなければならない（通算親法人である協同組合等との間に通算完全支配関係がある通算子法人は中間申告を要しない）。 ロ　仮決算による中間申告については，通算子法人の中間期間は当該事業年度開始の日から通算親法人事業年度開始の日以後6月を経過した日の前日までの期間とし，他の通算法人のいずれかが仮決算による中間申告を行わなかった場合には，中間申告をすべき法人であるかどうかに応じて，前期実績額による中間申告を行った，又は中間申告を行わなかったものとみなす。
③提出期限の延長（法法75の2）	イ　通算法人の申告については，連結納税制度と同様に，申告期限の延長特例による延長期間を原則2月とする（法法75の2）。 （注）　連結親法人に経過措置により通算承認があったものとみなされた親法人が令和4年3月31日の属する連結事業年度において申告期限の延長を受けていた場合には，その親法人及び各子法人は，その連結事業年度終了の日の翌日に通算完全支配関係を有しなくなった法人を除き，同日において延長がされたものとみなす（令和2年改正法附則34）。 ロ　通算法人について，通算承認が効力を失った場合には，その効力を失った日以後に終了する事業年度について，申告期限の延長の処分は効力を失う。
④欠損金の繰戻しによる還付制度（法法80）	イ　通算法人の繰戻しの対象となる欠損金額は，原則として，各通算法人の欠損金額の合計額を還付所得事業年度の所得の金額の比で配分した金額とする（災害損失欠損金額についても同様）。 ロ　解散等の場合の還付請求の特例について，通算法人における対象となる事由は，通算親法人の解散（適格合併による解散を除く。），通算子法人の破産手続開始の決定による解散及び各通算法人の更生手続開始等とする。

8　中小法人の判定

貸倒引当金（法法52），欠損金の繰越控除（法法57），軽減税率（法法66）及び特定同族会社の特別税率（法法67）の適用に当たって，中小法人の判定については，通算法人である普通法人又はその普通法人の各事業年度終了の日においてその普通法人との間に通算完全支配関係がある他の通算法人のうち，いずれかの法人が中小法人に該当しない場合には，その通算法人である普通法人は中小法人に該当しない。

9　租税回避行為の防止

通算法人又は他の通算法人の行為又は計算で法人税の負担を不当に減少させる結果となると認められるものがあるときは，その行為又は計算にかかわらず，税務署長の認めるところにより，その通算法人に係る課税標準，税額等を計算すること等ができる（法法132の３）。

10　青色申告

①　青色申告の承認を受けていない内国法人が通算承認を受けた場合には，青色申告の承認があったものとみなす（法法125）。
②　通算法人が青色申告の承認を取り消される場合には，取消しの効果は遡及しない（法法127）。
③　通算法人は，青色申告の取りやめをできない（法法128）。

（参考）申告に当たって，国税庁から提供されている参考資料。
①　「グループ通算制度に関するQ&A（令和２年６月）」（最終改訂・令和４年７月）
https://www.nta.go.jp/law/joho-zeikaishaku/hojin/group_faq/pdf/0020004-041.pdf
②　「申告書別表の記載例（グループ通算制度適用法人用）（令和４年11月）（令和５年３月改訂）」
https://www.nta.go.jp/taxes/shiraberu/zeimokubetsu/hojin/group_tsusan/pdf/0022010-057_01.pdf
③　「申告書別表の記載例（グループ通算制度適用法人用）別冊（設例別表）（令和５年３月）」
https://www.nta.go.jp/taxes/shiraberu/zeimokubetsu/hojin/group_tsusan/pdf/0023002-056_02.pdf
④　「欠損金の繰戻しによる還付請求書等の記載例（グループ通算制度適用法人用）（令和４年11月）」
https://www.nta.go.jp/taxes/shiraberu/zeimokubetsu/hojin/group_tsusan/pdf/0022010-057_02.pdf

①

②

③

④

第18編　外国法人に対する課税（概要）

所得の種類（法法138） ＼ 外国法人の区分（法法141）		恒久的施設を有する法人：恒久的施設帰属所得（法法141一イ）	恒久的施設を有する法人：その他の国内源泉所得（法法141一ロ）	恒久的施設を有しない法人（法法141二）	源泉徴収（所法212① 213①）
（事業所得）		①恒久的施設に帰せられるべき所得（法法138①一）【法人税】	【課税対象外】	【課税対象外】	無（注１）
② 資産の運用・保有（法法138①二）※下記(7)～(14)に該当するものを除く。			【法人税】	【法人税】	無（注２）
③ 資産の譲渡（法法138①三）※右のものに限る。	不動産の譲渡（法令178一）				無（注３）
	不動産の上に存する権利等の譲渡（法令178二）				無（注３）
	山林の伐採又は譲渡（法令178三）				無
	買集めした内国法人株式の譲渡（法令178四イ）				無
	事業譲渡類似株式の譲渡（法令178四ロ）				無
	不動産関連法人株式の譲渡（法令178五）				無
	ゴルフ場の所有・経営に係る法人の株式の譲渡　等（法令178六，七）				無
④ 人的役務の提供事業の対価（法法138①四）					20.42％
⑤ 不動産の賃貸料等（法法138①五）					20.42％
⑥ その他の国内源泉所得（法法138①六）					無
(7) 債券利子等（所法161①八）（注５）			【源泉徴収のみ】	【源泉徴収のみ】	15.315％
(8) 配当等（所法161①九）（注５）					20.42％（注4）
(9) 貸付金利子（所法161①十）（注５）					20.42％
(10) 使用料等（所法161①十一）（注５）					20.42％
(11) 事業の広告宣伝のための賞金（所法161①十三）（注５）					20.42％
(12) 生命保険契約に基づく年金等（所法161①十四）（注５）					20.42％
(13) 定期積金の給付補塡金等（所法161①十五）（注５）					15.315％
(14) 匿名組合契約等に基づく利益の分配（所法161①十六）（注５）					20.42％

(注) 1　事業所得のうち，組合契約事業から生ずる利益の配分については，20.42％の税率で源泉徴収が行われる。

2　租税特別措置法41条の12により一定の割引債の償還差益については，18.378％（一部のものは16.336％）の税率で源泉徴収が行われる。

また，租税特別措置法41条の12の2により一定の割引債の償還金に係る差益金額については，15.315％の税率で源泉徴収が行われる。

3　資産の譲渡による所得のうち，国内にある土地若しくは土地の上に存する権利又は建物及びその附属設備若しくは構築物の譲渡による対価（所得税法施行令281条の3に規定するものを除く。）については，10.21％の税率で源泉徴収が行われる。

4　上場株式等に係る配当等，公募証券投資信託（公社債投資信託及び特定株式投資信託を除く。）の収益の分配に係る配当等及び特定投資法人の投資口の配当等については，15.315％の税率が適用される。

5　(7)から(14)までの国内源泉所得の区分は所得税法上のもので，法人税法にはこれらの国内源泉所得の区分は設けられていない。

(出典) 国税庁『令和6年版　源泉徴収のあらまし』278～279頁。

第19編　税務自主監査項目（消費税等含む）

項目	No.	確認内容	主な参考法令等
収益	1	企業会計基準第29号「収益認識に関する会計基準」の適用対象となる資産の販売若しくは譲渡又は役務の提供（以下「資産の販売等」という。）に係る収益の額は，法基通２－１－１ただし書の場合を除き個々の契約ごとに計上しているか。	法法22の２ 法基通２－１－１
	2	収益の計上基準に照らし，当事業年度に計上すべきであるにもかかわらず，翌事業年度に計上している収益の額はないか。	法法22の２ 法基通２－１－２，２－１－21の７，２－１－21の８
	3	収益の計上基準を変更した場合，その理由は合理的かつ適切か。	法法22の２ 法基通２－１－２，２－１－21の８
	4	資産の販売等に係る収益の額について，当事業年度終了の日までに対価の額を合意していないときは，同日の現況により適正に見積もられているか。	法法22の２ 法令18の２ 法基通２－１－１の10
	5	資産の販売等に係る収益の額について，資産の販売等の契約の対価が値引き，値増し，割戻し等により変動する可能性がある場合に，その変動する可能性がある部分の金額〔変動対価〕又はその算定基準を相手方に明示等していないにもかかわらず，変動対価を反映した会計上の収益の額のままにしていないか。	法法22の２ 法基通２－１－１の11，２－１－１の12
	6	資産の販売等に係る収益の額について，金銭債権の貸倒れや資産の買戻しの可能性を反映した会計上の収益の額のままにしていないか。	法法22の２
売上原価	7	翌事業年度以降の売上げに対応する売上原価等を当事業年度に計上していないか。	法法22
	8	売上原価等が当事業年度終了の日までに確定していないときは，適正に見積もった金額を計上しているか。 また，単なる事後的費用を見積計上していないか。	法法22 法基通２－２－１
仕入割戻し	9	棚卸資産を購入した際の仕入割戻しについて，その算定基準が購入価額又は購入数量によっており，かつ，算定基準が明示されているにもかかわらず，仕入割戻しの金額の通知を受けた事業年度の益金としていないか。	法法22 法基通２－５－１
役員給与	10	役員給与は，定款の定めや株主総会等の決議に基づき，適正に計算され支給されているか。	法法34 法令70
	11	役員の個人的費用を負担するなど，役員に対して給与を支給したものと同様の経済的な利益の提供はないか。	法法34 法基通９－２－９

項目	No.	確認内容	主な参考法令等
給与・賞与	12	損金経理したにもかかわらず事業年度末に未払となっている決算賞与等の臨時の賞与について，その支給額を同時期に支給する全ての使用人に対して個別に通知するとともに，事業年度終了の日の翌日から１月以内に通知した全ての使用人に対して通知どおりの金額を支払っているか。	法令72の３ 法基通９－２－43
減価償却費	13	稼働を休止している製造設備などの事業の用に供していない資産に係る減価償却費を損金の額に算入していないか。（法基通７－１－３に規定する「稼働休止資産」の取扱いの適用を受ける場合を除く。）	法法２ 法令13，133，133の２ 法基通７－１－３
	14	法令第133条の２に規定する一括償却資産の損金算入を適用している場合において，一括償却資産を除却した際に，未償却額の全額を損金としていないか。	法令133の２ 法基通７－１－13
交際費等	15	福利厚生費等の中に，役員や従業員の接待等のための支出が含まれていないか。	措法61の４ 措通61の４(1)-22
	16	売上割戻し等の中に，得意先に物品を交付するための費用や得意先を旅行等に招待するための費用が含まれていないか。	措法61の４ 措通61の４(1)-３，61の４(1)-４
	17	雑費等の中に，新規店舗等の建設に当たり，周辺の住民の同意を得るための支出が含まれていないか。	措法61の４ 措通61の４(1)-15
	18	専ら役員や従業員の接待等のために支出した飲食費について，１人当たり5,000円以下であるとして交際費等から除いていないか。	措法61の４ 措令37の５ 措規21の18の４
	19	棚卸資産又は固定資産の取得価額に交際費等が含まれていないか。	措法第61条の４ 措通61の４(1)-24，61の４(2)-７
寄附金	20	前事業年度以前に仮払金とした寄附金を当事業年度の損金としていないか。 また，事業年度末において未払となっている寄附金を当事業年度の損金としていないか。	法法37 法令78 法基通９－４－２の３
	21	寄附金の中に役員等が個人として負担すべきものが含まれていないか。	法法34，37 法基通９－４－２の２
	22	子会社や取引先に対して合理的な理由がないにもかかわらず，無償もしくは通常より低い利率での金銭の貸付け又は債権放棄等を行っていないか。	法法37 法基通９－４－２
使途秘匿金	23	相手方を明らかにできない金銭の支出や金銭以外の資産の贈与はないか。	措法62
費用全般	24	事業年度末までに債務が確定していない費用（償却費は含まない。）を損金としていないか。	法法22 法基通２－２－12

項目	No.	確認内容	主な参考法令等
移転価格	25	国外関連者に対して行った役務提供の対価の額，又は国外関連者から受けた役務提供の対価の額は，独立企業間価格となっているか。	措法66の４ 移転価格事務運営要領３-10，３-11 別冊 移転価格税制の適用に当たっての参考事例集（事例26）
	26	国外関連者に対する貸付けの利息の額，又は国外関連者からの借入金の利息の額は，独立企業間価格となっているか。	措法66の４ 移転価格事務運営要領３-７，３-８ 別冊 移転価格税制の適用に当たっての参考事例集（事例４）
	27	「独立企業間価格を算定するために必要と認められる書類（ローカルファイル）」を申告期限までに作成又は取得し，保存しているか。	措法66の４，措規22の10，22の74 移転価格事務運営要領２-４，３-４，３-５
棚卸資産	28	事業年度終了の時において，預け在庫，未着品を棚卸しの対象としているか。	法法２ 法令10
	29	未使用の消耗品の取得に要した費用を当事業年度の損金としていないか。	法法２，法令10 法基通２-２-15
	30	棚卸資産購入のために直接要した引取運賃，荷役費，運送保険料，購入手数料，関税等の費用を棚卸資産の取得価額に含めているか。	法令32 法基通５-１-１
	31	流行遅れや機種がモデルチェンジしたことだけを理由に棚卸資産の評価損を計上していないか。	法法33 法令68 法基通９-１-４
繰延資産	32	資産を賃借する際の権利金のように，支出の効果が１年以上に及ぶ費用について，その全額を一時の損金としていないか。	法法２，32 法令14 法基通８-１-３，８-１-４，８-１-５，８-１-６，８-１-８
固定資産	33	固定資産を事業の用に供するために要した費用を一時の損金としていないか。	法令54 法基通７-３-16の２
	34	建物付土地の取得後おおむね１年以内にその建物の取壊しに着手しているにもかかわらず，取壊時の建物の帳簿価額及び取壊費用を一時の損金としていないか。	法基通７-３-６
	35	建物の建設に伴って支出が予定されている住民対策費，公害補償費等の費用の額をその建物の取得価額に含めているか（毎年支出することになる補償金は除く。）。	法令54 法基通７-３-７，７-３-11の２
	36	資本的支出を一時の損金としていないか。	法令55，132 法基通７-８-１，７-８-２，７-８-３
	37	自社開発のソフトウエアを製作するために要した費用を一時の損金としていないか。	法令54 法基通７-３-15の２

項目		No.	確認内容	主な参考法令等
固定資産		38	ソフトウエアの機能向上等のために要した費用を一時の損金としていないか。	法令55, 132 法基通７－８－６の２
前払費用		39	前払費用に該当する支出を損金としていないか。（法基通２－２－14に規定する「短期の前払費用」の取扱いの適用を受ける場合を除く。）	法法22, 法令14 法基通２－２－14
貸付金		40	役員，従業員や関連会社に対して金銭を無償又は通常より低い利率で貸し付けていないか。	法令34, 36, 37 法基通９－２－９，９－４－２
有価証券		41	有価証券を取得するために要した費用を一時の損金としていないか。	法令119 法基通２－３－５
保証金・預り金・仮受金・前受金		42	収益に計上すべきものはないか。	法法22 法基通２－１－41
消費税等	収益	43	課税期間末までに資産の譲渡等の対価の額が確定していない場合に，その対価の額を適正に見積もり，課税標準に含めているか。	消法28 消基通10－１－20
		44	外注先に対して有償支給した原材料等の対価を課税対象外としていないか（支給する材料等を自己の資産として管理している場合を除く。）。	消基通５－２－16
	売上原価	45	課税仕入れとした外注費等の中に給与に該当するものは含まれていないか。	消法２ 消基通１－１－１
		46	三国間貿易（国外で購入した資産を国内に搬入することなく他へ譲渡する取引）に係る仕入れを課税仕入れとしていないか。	消法４ 消基通５－７－１
	費用全般	47	出向社員等の給与負担金を課税仕入れとしていないか（経営指導料等の名義で支出している場合も含む。）。	消基通５－５－10
		48	贈答した商品券，ギフト券，旅行券等を課税仕入れとしていないか。	消法６，別表第１ 消基通６－４－３，６－４－４，９－１－22, 11－３－７
		49	クレジット手数料を課税仕入れとしていないか。	消法６，別表第１ 消令10 消基通６－３－１
		50	同業者団体等の通常会費や一般会費を課税仕入れとしていないか。	消基通５－５－３, 11－２－６
		51	予約の取消し，契約変更等に伴って支払ったキャンセル料や解約損害金を課税仕入れとしていないか。	消基通５－２－５，５－５－２
		52	給与と認められる旅費（単身赴任者が帰省するための旅費等）を課税仕入れとしていないか。	消基通11－２－１
		53	海外出張に係る旅費，宿泊費，日当等を課税仕入れとしていないか。	消基通11－２－１

項目		No.	確認内容	主な参考法令等
消費税等	費用全般	54	前払費用を支払時の課税仕入れとしていないか（法基通２－２－14に規定する「短期の前払費用」の取扱いの適用を受けている場合を除く。）。	消基通11-３-８ 法基通２-２-14
		55	クレジットカードで決済した経費等について，クレジットカード会社からの請求明細書のみを保存していないか。	消法30
		56	会議費，交際費として飲食料品を購入している場合に，軽減税率対象品目として区分経理しているか。	平成28年改正法34 消費税の軽減税率制度に関する取扱通達
	営業外収益	57	ゴルフ会員権を譲渡した場合に，その対価を非課税売上げとしていないか。	消法６，別表第１ 消令９ 消基通６-２-２
		58	車両等の買換えを行った場合に，販売額から下取額を控除した金額を課税仕入れ（又は課税売上げ）としていないか。	消法２ 消基通10-１-17

（出典）国税庁「大規模法人における税務上の要注意項目確認表」に基づき作成。

（参考）法人税確定申告書の手引き，令和６年度改正等

①「法人税のあらましと申告の手引（令和５年10月）」
https://www.nta.go.jp/publication/pamph/hojin/aramashi2023/pdf/01.pdf

②「申告書作成上の留意点（令和５年10月）」
https://www.nta.go.jp/publication/pamph/hojin/aramashi2023/pdf/02.pdf

③「中小企業者の判定等フロー（令和５年10月）」
https://www.nta.go.jp/publication/pamph/hojin/aramashi2023/pdf/03.pdf

④「令和６年度　法人税関係法令の改正の概要（令和６年５月）」
https://www.nta.go.jp/publication/pamph/hojin/kaisei_gaiyo2024/pdf/A.pdf

①

②

③

④

消費税について

昨年度版より消費税の解説は省略しています。
ご参考までに，国税庁ホームページに掲載されています「消費税関係の主な参考資料」のアドレスとQRコードを以下に掲げます。

（参考）
消費税のあらまし（令和５年６月）
https://www.nta.go.jp/publication/pamph/shohi/aramashi/pdf/001.pdf
国，地方公共団体や公共・公益法人等と消費税（令和５年６月）
https://www.nta.go.jp/publication/pamph/shohi/shohizei.pdf
消費税の届出書等について（令和６年１月）
https://www.nta.go.jp/publication/pamph/shohi/todokedesho/pdf/0023001-085-01.pdf
消費税法改正のお知らせ（令和６年４月）
https://www.nta.go.jp/publication/pamph/shohi/kaisei/pdf/r06kaisei.pdf
国境を越えた役務の提供に係る消費税の課税関係について
https://www.nta.go.jp/publication/pamph/shohi/cross/01.htm
消費税のプラットフォーム課税について（令和６年４月）
https://www.nta.go.jp/publication/pamph/shohi/kazei/pdf/0024003-088.pdf
消費税の仕入税額控除制度における適格請求書等保存方式に関するＱ＆Ａ（令和６年４月改訂）
https://www.nta.go.jp/taxes/shiraberu/zeimokubetsu/shohi/keigenzeiritsu/pdf/qa/01-01.pdf
適格請求書等保存方式の概要－インボイス制度の理解のために－（令和５年７月）
https://www.nta.go.jp/taxes/shiraberu/zeimokubetsu/shohi/keigenzeiritsu/pdf/0020006-027.pdf
消費税申告チェックシート＜国，地方公共団体及び公共法人用＞
https://www.nta.go.jp/publication/pamph/shohi/check_sheet/index.htm

QRコード

《著者》

鈴木 修（すずき・おさむ）

札幌国税局に採用後，大蔵省（現・財務省）主税局総務課・税制第一課，札幌国税局消費税課等を経て，平成18年退官。
税理士，高崎商科大学商学部・同大学院商学研究科教授，（公財）公益法人協会専門委員・主任研究員，日本税務会計学会・常任委員

法人税ハンドブック（令和6年度版）

2024年7月1日　第1版第1刷発行

編　者　日本税理士会連合会
著　者　鈴　木　　修
発行者　山　本　　継
発行所　㈱中央経済社
発売元　㈱中央経済グループパブリッシング

〒101-0051　東京都千代田区神田神保町1-35
電　話　03（3293）3371（編集代表）
03（3293）3381（営業代表）
https://www.chuokeizai.co.jp
印　刷／三英グラフィック・アーツ㈱
製　本／㈲井上製本所

ISBN978-4-502-50641-3 C3034